아파트의 문화사

차례
Contents

한국의 아파트, 현대사의 산 증인

근대건축가들의 사회혁명, '아파트'라는 꿈의 창안

한국인에게 '아파트'란 무엇인가. 부(富)의 축적을 향한 지칠 줄 모르는 세속적 욕망의 대상이 된 '아파트'가 과연 우리에겐 무엇인가를 되묻는 일은 이미 어리석은 질문일는지 모른다. 그럼에도 불구하고 '세속적 꿈'의 동의어로 받아들여지는 '아파트'를 가리켜 '거대한 침묵의 조형물'[1]이라거나 혹은 '잔뜩 발기한 것처럼 여기저기 솟아있는 거대한 난수표'[2]라 부르며 그 가치를 깎아내리는 까닭은 무엇인가. 바로 여기에 우리의 '아파트'가 갖는 현재성과 삶의 문화적 가치에 대한 대중적 갈구가 응축되어 있다고 할 수 있다. 아파트를 일컬어 거대

한 침묵의 조형물이라 부르는 데에는 '아파트단지'가 누구와
도 소통하지 않으려는 심한 자폐증을 앓고 있기 때문이며 난
수표라 일컫는 이면에는 인간의 다양한 삶의 모습에 정면으로
배치되는 획일성과 평균성 그리고 공간생산의 규칙성과 균질
성이 그곳에 또한 내재되어 있기 때문이다.

소위 '녹지 위의 고층주거'(Tower in the Park)라는 슬로건을
통해 아파트라는 새로운 형식의 주택을 만들어내고 이를 통해
모순으로 가득 찬 사회의 일대 개혁과 비위생적인 생활환경의
획기적인 변혁을 추구했던 서구 근대건축가들의 꿈은 가히 혁
명적인 것이었다 하겠다. 그들은 기술(technology)의 합리성에
기초한 건축의 힘으로 사회와 인간생활의 전반적인 구조를 한
번에 바꿀 수 있다는 '환경가능론'(Environmental Possibilism)에
근거하여 대지를 해방시키고(기둥만으로 엄청난 무게의 구조물
을 버티게 하는 필로티(pilotis) 구현 기술의 활용) 그 위에 땅을
차지하고 있던 주택들을 수직으로 쌓아 올렸다(적층주택(積層
住宅)의 실현).

또한 그렇게 쌓아올린 콘크리트 덩어리 속에는 규격화된
삶이 유지될 수 있도록 균질적이며 표준적인 가족중심의 생활
공간을 칸칸이 만들었고, 함께 어울려 지내면서 바람직하고
모범적인 인간의 이상을 실현하도록 공동의 공간을 충분하게
확보하여 인간소외의 극복을 추구하려는 야심을 펼쳐보였다.
그리고 이렇게 만들어진 높은 주택들을 띄엄띄엄 놓아두고(인
동거리(隣棟距離) 확보) 그 사이공간에는 나무를 울창하게 심

좌 _ 파리의 블루바드 조성에 대한 바틀리에(Batrlier)의 삽화
우 _ 르 코르뷔제의 '빛나는 도시' 이미지

고 바람이 잘 통하는 구불구불한 산책로를 둠으로써 인간 모두의 기본적 욕구인 채광과 통풍, 그리고 자연과의 접촉기회를 높인다는 '꿈'을 창안하였다. '아파트'를 매개로 한 근대건축가들의 사회개혁 프로그램은 이렇듯 이상을 향한 '꿈'으로 가득한 것이었으며, 녹지 위의 고층주택은 과밀의 유럽도시가 겪고 있던 문제를 해결하는 획기적인 개혁 프로그램이었다.

근대건축가들은 여기서 한 걸음 더 나아가 인간이 모여 사는 도시란 결국 녹지 위의 고층주거로 구성되는 주거공간(주거지역)과 함께 노동을 제공하고 그 대가를 받아 가족의 생계를 꾸려가기 위한 일터(상업지역 혹은 공업지역), 하루 혹은 일주일의 노동으로 쌓인 피로를 풀 수 있는 여가공간(녹지지역), 그리고 이렇게 나뉜 공간들을 자동차를 이용하여 빠르고 쉽게 오갈 수 있도록 만들어진 교통망(도로)의 4가지 구성요소로 제한하여 해석하기에 이른다. 당연히 과거의 도시공간을 지배하고 있던 사람 중심의 길과, 그 길이 서로 만나는 곳에 오랜 세월을 거쳐 자연스럽게 만들어졌던 크고 작은 만남의 공간(광

좌 _ 르 코르뷔제의 그린시티(Green City) 삽화
우 _ 균질적 인동거리 확보와 주거동 평행배치에 의한 평균적 주거환경을 나타내는 서울 송파구의
　　아파트단지

장)들은 척결되어야 할 악의 근원이자 온갖 병원균들이 우글
대는 곳으로 인식됐고, 중세의 도시가 만들어내는 유려한 풍
경이나 길과 광장이 빚어내는 아름다움, 그리고 이들이 빚어
내는 도시적인 활력을 지키려는 노력은 시대착오적인 낭만주
의에 불과한 것으로 여겨졌다. 예를 들어, 공학의 광기가 몰아
치던 19세기 말, 도시의 문화적 속성과 다양한 형태의 길이
만들어내는 길 중심의 사회적 담화공간이 무엇보다도 중요하
다고 주장했던 인본주의자 까밀로 지테(Camillo Sitte, 1843~
1903, 근대도시계획의 아버지로 불리며 그의 주장을 따르는 사람
들은 흔히 지테학파로 불리곤 한다)3)와 같은 이들에 대해서는
'근대적인 산업의 고동소리에 한심하게도 흘러간 노랫가락을
읊어대는 시대착오적인 인물'4)로 폄훼하면서 전통적인 길은
사회의 온갖 갈등과 정치적 소요만이 벌어지는 쓸모없는 공간
이라고 반박하였다. 그리고 이들의 '꿈'은 1930년대 이후 일
자형 주거동의 평행배치로 이어졌고, 제2차세계대전을 거치면

서 피폐한 도시공간의 복구와 절대적으로 부족한 주택의 대량 건설 요구에 따라 곧게 뻗은 도로가 주거지를 도식적으로 구획하는 모습의 '단지'(團地)로 귀결되었으며 도시의 공간영역을 외곽지역으로 끊임없이 확대하는 양상으로 이어지게 되었다.

조국근대화의 상징 그리고 생활혁명의 시금석

이제 우리의 이야기로 되돌아가자. 김은신이 쓴 『한국 최초 101 장면』에는 '몇 백 년이나 살려고 그런 집을 짓느냐'라는 작은 제목을 붙인 글을 통해 한국 최초의 아파트가 소개되어 있다. 서울의 을지로4가와 청계천4가 사이에 있는 주교동 230번지에 주식회사 중앙산업이 1956년에 건설한 중앙아파트가 우리나라에서는 제일 처음 만들어진 아파트라 지적하면서[5] 집안에 방이 하나뿐이라는 것과 말로만 듣던 수세식 화장실과 입식부엌을 구경하러 오는 사람들이 적지 않았다고 기술하고 있다. 3층짜리 1개의 주거동에 12세대가 살 수 있도록 만들어진 중앙아파트는 오래된 한옥들이 즐비하던 곳에 재래의 공법과는 전혀 다른 건축물을 세운 것으로, 주택 자체의 공간적 특이성보다는 오히려 야트막한 집들이 있던 곳에 비록 3층이긴 하지만 건축물을 우뚝 세움으로써 그 장대함에 모두들 놀랐다고 보아야 할 것이다.

그런데 이 글의 시작 부분이 매우 흥미롭다. 글쓴이는 글을 시작하는 대목에서 "국내에서 맨 처음 지어진 아파트는 흔히 마포아파트로 알려져 있다. 그러나 우리나라에 아파트라는 공동주택의 선례를 남긴 회사는 건축자재를 주로 생산했던 주식회사 중앙산업이었다"라고 하였다. 물론 이러한 지적이 잘못된 것은 아니지만 중앙아파트가 하나의 주거동을 세워 아파트라는 새로운 형식의 주택을 처음 시도한 최초의 사례였다면, 마포아파트는 여러 개의 아파트 주거동이 도시의 한 귀퉁이를 넓게 차지하면서 주위를 담장으로 두르고 그 안에는 서구의 근대건축가들이 주창했던 그대로 넓은 공지와 주차장 그리고 어린이 놀이터 등과 같은 생활편익시설을 함께 만든 최초의 사례이다. 그리고 이렇게 만들어진 마포아파트가 오늘날 도농(都農)을 불문하고 지천으로 널린 아파트단지의 전형이 되었다는 점에서 1962년에 도화동에 만들어진 마포아파트는 '단지식 아파트'의 최초사례로 볼 수 있다.

한국 최초의 아파트를 선보였던 중앙산업이 주교동의 중앙아파트에 이어 충정로에 6층짜리 개명아파트를 건설하고 다시 종암동에 종암아파트를 건설할 당시 이승만 대통령이 그곳에 들러 인부를 격려했던 것처럼, 한국 최초의 단지식 아파트인 마포아파트 준공식에는 당시 박정희 국가재건최고회의 의장이 참석하였다. 그리고 국민을 향해 발표한 치사를 통해 마포아파트단지를 조국 근대화의 상징이자 생활혁명의 시금석이라고 추켜세우면서 5.16 군사쿠데타의 성과로 그 의미를 부여한 바 있다. 당시 대중들을 향한 그의 메시지는 매우 비장한 것이었다. 그의 치사에서는 국가적으로는 공업화를, 사회적으로는 근대화를 추구하려던 당시 군부가 가졌던 생각의 일면을 읽을 수 있는데, 이는 서구의 근대건축가들이 그러했던 것처럼 공간의 변혁을 통해 사회의 개혁과 생활의 혁명을 부르짖는 것이었다. 그런 점에서 박정희의 연설은 소위 우리의 재래적이며 전통적인 생활양식을 어떤 것으로 보아야 할 것인가를 분명하게 나타내고 있다.

오늘 이처럼 웅장하고 모든 최신 시설을 갖춘 마포아파트의 준공식에 임하여 본인은 수도 서울의 발전과 이 나라 건설업계의 전도를 충심으로 경하하여 마지않습니다. 도시(都是) 5.16혁명은 우리 한국 국민도 선진국의 국민처럼 잘 살아 보겠다는 데 그 궁극적인 목적이 있었던 것입니다. (중략)

이제까지 우리나라 의식주 생활은 너무나도 비경제적이고 비합리적인 면이 많았음은 세인이 주지하는 바입니다. 여기에서 생활혁명이 절실히 요청되는 소이(所以)가 있으며 현대적 시설을 완전히 갖춘 마포아파트의 준공은 이러한 생활혁명을 가져오는 한 계기가 되어 (중략) 즉, 우리나라 구래의 고식적이고 봉건적인 생활양식에서 탈피하여 현대적인 집단 공동생활 양식을 취함으로써 경제적인 면으로나 시간적인 면으로 다대한 절감을 가져와 (중략) 더욱이 인구의 과도한 도시집중화는 주택난과 더불어 택지가격의 앙등을 초래하는 것이 오늘의 필연적인 추세인 만큼 이의 해결을 위해선 앞으로 공간을 이용하는 이러한 고층아파트 주택의 건

립이 절대적으로 요청되는 바입니다. 이러한 시대적 요청에
각광을 받고 건립된 본 아파트가 장차 입주자들의 낙원을
이룸으로써 혁명한국의 한 상징이 되기를 빌어마지 않으
며......(6)

이유야 어찌되었든, 마포아파트는 당시 권력의 중심부에서
볼 때는 소위 조국 근대화의 상징이자 생활혁명의 시금석이었
으며, 전 국민의 문화시민화(文化市民化)를 추동하기 위한 생
활혁명의 전시장이었다. 따라서 우리의 전통적이며 재래적인
생활양식은 혁파되어야 할 대상으로서 고식적이고 봉건적일
뿐만 아니라 비경제적이고 비합리적인 것이므로 서구의 합리
성과 근대적 편리성에 바탕을 둔 아파트와 같은 새로운 주거
형식을 통해 생활혁명을 이루고 집단적인 공동생활을 통해 경
제적 효율성을 높여야 한다는 것이 당시 박정희 정부의 논리
이고 아파트에 대한 집권층의 생각이었다. 그리고 당시로서는
볼 수 없었던 고층의 아파트를 서울의 한복판에 높게 들어서
게 함으로써 혁명한국의 상징이 되기를 간절히 바라고 있었
다. 소위 근대화란 곧 서구화를 칭하는 것이었다.
　이 같은 정치적 목표는 대중들에게도 일정한 영향을 미친
것으로 보이기도 한다. 마치 일본이 서구의 생활양식을 그들
의 것으로 받아들이기 위해 20세기 초부터 가정박람회와 생활
개선전람회, 주택박람회 등을 개최하면서 근대적인 산업도시
의 공해문제 해소를 위해 녹지공간과 수(水)공간이 풍요로운

좌_ 주변의 도시조직을 압도하는 마포아파트단
　　지의 거대필지(1962)
우_ 한국 최초의 단지식 공간을 만들어낸 마포
　　아파트(1962)

전원의 교외주택지로 나가 여가와 자연의 풍요를 누리자고 호
소했던 전원도시 운동과 내용적으로는 크게 다르지 않으며,
서구의 근대건축가들이 꿈꾸었던 사회혁명의 취지와도 유사
한 궤적을 밟았음을 알 수 있다.

　다만 그것을 정치적 상징으로 미화하였지만 대중의 일상
적 생활과 공간이 그 속도를 맞추지 못하여 일치하지 못했다
는 점에서 다소간의 차이가 있을 뿐이다. 아파트와 그의 군
사적 정변의 결과를 등가가치로 취급하려는 당시의 정치적
의도는 이미 박정희 정권의 혁명공약에서도 드러난 바 있으
며, 그 결과 박정희라는 인물과 그의 시대를 연구하는 사람
들이 '아파트'를 박정희 시대의 대표적 유산 가운데 하나로
꼽는 이유가 여기에 있다. 이런 점에서 우리나라의 아파트단
지는 서구와는 달리 정치적 유산이기도 한 셈이다.

우울과 자폐의 병리공간, 단지

마포아파트로부터 비롯된 우리나라의 '아파트단지'는 여러 가지 점에서 과거의 주택과는 다른 것이었다. 일본의 경우, 기존의 도시와는 상당히 멀리 떨어진 교외의 '아파트단지'가 1960년대의 대표적인 풍경이 되면서 그곳을 거처로 하는 사람들에게 '단지족'(團地族)이니 혹은 '단지처'(團地妻)니 하는 따위의 별칭을 붙였던 것처럼, 마포아파트단지에 처음 입주한 사람들 역시 보통의 사람들과는 다른 부류의 사람들이었다.

상류층이나 사회지도층 혹은 아파트 생활을 이미 경험했던 사람들로 구성된 마포아파트 입주자들은 자의적이든 타의적이든 간에 각종 대중매체를 통하여 아파트 생활의 편리성과 간소함 그리고 시간적, 정신적 여유를 강조하는 잡문들을 발표하면서 대중을 계몽한다. "1년 내내 더운 샤워로 피곤을 풀며 먼지에 싸인 몸을 녹이면서 아파트에 사는 즐거움을 홍얼거릴 때가 한두 번이 아니며(중략) 여러 번 방을 옮겨볼 생각을 했지만 이곳에서만 볼 수 있는 그 대자연의 혜택(한눈에 내려다보이는 한강과 황혼)을 용감히 버리지 못하는 미련이 있다"[7]거나 "아파트 자체에 설비되어 있는 목욕조, 웨스턴 토일렛, 응접실, 키친에서 직접 던질 수 있는 쓰레기통, 허리를 구부리지 않고 그릇을 닦을 수 있는 싱크대가 얼마나 더 실질적인 생활에 유용한 것인가"[8] 또는 "현기증이 날 정도로 옆으로 다닥다닥 조막손이 모양 퍼지는 판도(板都)보다는 하늘로 높이 솟고 넓은 땅에 나무나 화초를 심고 분수를 만들어 어린이 놀이터를 마련하는 것이 훨씬 여유롭고 좋지 않습니까"[9]라는 확신에 찬 반어적 표현 등을 통해 일반 대중을 계몽하거나 서구식 생활의 편리성을 대중적으로 전파하는 일이 상당 기간 동안 계속되었다는 점에서, 아파트의 생활은 분명 재래의 생활습속과는 상당한 차이를 보이는 것이었으며 불현듯 다가온 주거공간이었다.

1960년대에 일본의 대도시 주변에 '아파트단지'가 들어서면서 그곳을 거처로 하는 사람들은 기존의 복잡한 시가지에서 오밀조밀 어울려 사는 사람들과는 다른 생활의 모습을 보였다는 뜻에서 '단지족'이라 부르고, 원거리의 직장에서 늦은 밤이 되어서야 귀가하는 남편을 기다리며 좁지만 합리적으로 만들어진 주거공간에서 인동거리가 주는 정온한 외부환경과 각종 근대적 설비기기가 가져다준 생활의 편리함을 즐기는 단조로운 일상의 부인들을 가리켜 '단지처'라 부르곤 하였다는 사실과 거의 다르지 않았던 것이다. 그들이 아파트단지에 입주하여 얻은 것은 우아한 여유시간과 개별공간의 편리성이었지만 그 대가로 담장 밖의 사람들로부터 자신들과는 다른 신인류(新人類)로 취급되었으며 이웃과 유리되고 도시와 격리된 채 우울과 자폐의 공간을 돌려받은 것이다.

레디-메이드 평면이 만들어낸 균질적 삶의 공간환경

그로부터 50여 년, 이제 도농을 불문하고 아파트는 우리나라의 보편적 주택유형이 되었다. 그리고 우리들의 동의 여부와는 상관없이 이 시대를 사는 사람들의 대부분은 '단지족'이거나 '단지처' 중 어느 하나에 속하는 인간군상으로 자리하였다. 스스로는 여전히 '아파트'를 성냥갑이요, 회색의 콘크리트 덩어리이자 갑갑증을 느끼게 하는 주거공간이라고 불평을 하면서도 아파트가 주는 생활의 편리성과 환금성(換金性)에 발목이 묶여 '아파트'를 대량으로 소비하는 주체로 나서고 있는 것이다. 무슨무슨 빌이니 이런저런 타운이니 혹은 여차저차한 파크니 하는 이름을 좇아 뭉칫돈을 들고 이곳저곳을 기웃거리고, 화려한 가짜집인 모델하우스가 문을 여는 날이면 구름같이 몰려든 사람들을 향해 사모님과 사장님을 외쳐대는 꽃미남들의 빨간 혀에 귀를 기울이는 떠돌이 유목민이 곧 우리의 자화상이 되고 말았다. '나와 내 가족'을 위해서는 바늘 하나 꽂을만한 공간이라도 더 늘리고 막아 전용공간을 키우려는 생각으로 가득하지만, '우리'를 위한 공간이나 공동이용시설(주민공동시설이나 부대복리시설)을 늘릴라치면 전용공간이 그만큼 줄어들 것을 염려하는 욕심 많은 이기주의자가 되고 만 것이다. 다른 이들이 차로 들고 나는 것이 싫어 아파트단지의 입구에는 차단기를 설치해야 마음이 놓이고, 성냥갑만한 리모콘으로 차단기를 들어올리는 행위를 생활의 편리로 간주한다. 전화 한 통으로 집으로 배달되는 기름진 음식으로 배를 가득 채우고 나서 철문을 열어 빈 그릇을 공용의 공간에 내놓는 일에 대해 당연시한다. 나와 내 가족이 쓰는 아파트의 내부공간은 쾅 소리와 함께 외부와 폐쇄되는 철문을 사이에 두고 세계적으로도 그 유례를 찾기 어려울 정도의 고급 마감재와 설비기기들로 치장한 채 편리성과 안온함을 즐긴다(이런 이유에서 한국의 아파트를 세계에서 가장 좋은 아파트라는 뜻에서 World Best로 부른다). 하지만 철문 바깥의 공간이나 단지 외부의 세계에 대해서는 아무런 관심도 기울이지 않고 방치하는 자폐의 단지와 그로 인한 우울한 도시를 만들어왔다(이런 점에서 한국의 아파트단지 외부공간과 단지 주변의 도시공간은 철저히 유린당해 그 결과 세계 어느 곳에서도 그 유례를 찾을 수 없을 정도로 황폐하다는 의미에서 World Worst로 부른다). 당연히 아파트단지는 자신만의 세계를 유지하는 '거대한 침묵의 조형물'이거나 혹은 의미 없는 숫자들만이 무성한 채 '잔뜩 발기한 것처럼 여기저기 솟아있는 거대한 난수표'가 될 수밖에.

자폐증을 앓고 있는 단지나 단지공간의 무의미한 배열로 인해 우울증과 분열증을 얻은 도시공간에 대한 염려는 오래 전부터 계속되었다. 생활의 편리와 사회의 개혁을 부르짖었던 근대건축은 "주변과는 괴리된 절연된 토지이용과 연속되는 오픈 스페이스의 나열로 도시를 파멸로 만들고 말았으며"[10] 이렇게 빚어진 도시적 상황은 결국 '공공공간의 사유화'[11] 때문이라는 것이다. 즉, 도시가 도시답다는 것은 곧 "공공광장이나

가로수길, 카페, 그리고 사람들이 많이 모이는 지역클럽과 같은 공적인 모임의 장소가 사람들을 거리낌 없이 만나게 하고 악수를 나누게 하며, 서로의 관심사에 대해 얘기꽃을 피우는 역할을 하는 것"[12]인데, 근대건축가들에 의해 새롭게 만들어진 도시공간은 이런 재미를 즐기기에는 여러모로 부족했다.

이에 대한 반성적 논의가 근대건축운동을 주도했던 서구 사회에서 본격화된 것은 이미 20세기 중반이었다. 그들이 근대건축에 대해 신중하게 반성하며 대안을 모색할 때 우리는 근대건축의 합리성과 편리성을 주거공간의 생산방식으로 받아들인 것이라 할 수 있다.

그렇게 빚어진 우리의 현재 상황은 어떤가. 개별 주택공간은 여전히 평균적이며 균질한 거주환경의 획득을 위해 땅의 조건과는 상관없이 미리 만들어진 레디-메이드(ready-made) 평면으로 구성되고, 이렇게 만들어진 기성품을 옆으로 붙이고 위로 쌓아올리는 기계적 조작을 통해 주거동을 만들어 놓은 뒤 논밭이나 야산을 갈아엎어 평평하게 만들어놓은 부지에 담장을 두르고 마치 레고 블록 놀이라도 하듯 주거동을 늘어놓아 배열하는 생산방식을 계속하고 있다. "공간의 양상은 인간의 행태를 그대로 규정한다"는 앙리 르페브르(Henry Lefebre)의 말 그대로 이런 아파트단지에서는 인간의 잠재력이 평균화되고 경험이 동질화되며, 인간의 관계는 퇴보하고 인간성의 소외가 그대로 드러난다. 그럼에도 불구하고 우리는 지난 50년 동안 스스로를 규정하는 공간환경에 대한 반성이나 논의가 부

좌 _ 도시공간과 유리된 자폐적 단지
우 _ 분할된 공간의 편리성에만 주목하는 아파트단지의 외부공간, 분양아파트와 임대아파트 공간의 배타적 반목

족한 상태에서 사유화의 궁극적 목표인 '스위트 홈'의 마련을 위해 '더 많이, 더 빨리, 더 높이'를 외쳐댔다. 그 결과 공간의 생산에 간여하는 집단의 개별적 관행이 집단적인 왜곡된 아파트 문화로 변질된 것이다.

아파트는 파편화된 가족공간의 편리성을 높이는 물화(物化)의 대상이 되었고, 스위트 홈을 찾아 끊임없이 삶의 터전을 옮겨 다니며 교환가치를 높여가는 우리는 대량소비의 주체가 되었다. 건축가나 계획가는 가족공간의 편리성을 높이고 단지의 폐쇄성을 강화하는 일에만 몰두할 뿐, 단지가 앓고 있는 자폐의 병리(病理)나 도시공간의 우울증을 걱정하지 않게 되었다. 그들이 도면으로 그려내는 공간의 단위는 곧 개발의 단위가 되고, 개발의 단위는 다시 관리의 단위가 되며 궁극적으로는 공간사용자들의 일상적 생활공간의 단위가 된다는 점에서 건축가나 계획가가 어디까지를 계획이나 설계의 대상으로 간주하는가는 매우 중요하다. 그들의 태도는 단지족인 우리들에 의해 바뀌지만 그 전도는 아직도 허망할 뿐이다.

17

공간은 행태를 규정하고, 그 행태는 공간의 생산방식에 고스란히 영향을 미친다. 주택을 문화적 산물이라 말하려면 문화적 의식의 표현과 요구를 밖으로 드러내 생산방식에 반영해야 한다. 고립 속의 안위를 즐기면서 질 높은 단지공간과 도시적 풍요가 담긴 도시공간의 부재를 탓하는 것은 뫼비우스의 띠를 하염없이 걷는 것과 다름 아니다. 누구나 주택을 문화적 산물이라 하지만, 누구도 주택을 문화적 산물로 여기지 않는 척박한 풍토는 이제 사라져야 한다. 철저히 부정되지만 어쩔 수 없이 껴안고 갈 수밖에 없는 애물단지가 아파트라면 이제 단지의 자폐를 치유하고, 도시공간과의 절연을 끊어야 할 것이다. 표준적 가족공간의 효율적인 생산과 평균적이며 균질적인 거주공간의 병렬적 배치, 그리고 기능중심의 생각에서 비롯된 생산속도를 높이려는 노력은 이미 지나온 시대의 가치를 달성하기 위한 수단이었다. 그리고 그 자리를 접속과 봉합, 소통과 전도(傳導) 등의 가치가 대신하여야 한다.

단지공간의 자폐성을 치유하여 공간·사회적으로 도시와 소통할 수 있는 보금자리로 만들기 위해서는 보다 도시적인 사고에 기초한 아파트 만들기가 추구되어야 한다. 최종적인 공간사용자의 일상행위를 고려한 단지공간과 도시구조의 봉합을 위한 공감을 모두가 가져야만 자폐의 건축과 분열의 도시는 치유될 수 있기 때문이다. 자동차를 위한 도로를 사람들을 위한 '길'로 다시 만들고, 속도와 효율이 지배하던 도시공간을 '머무름과 담화의 장소'로 재편함으로써 '우연한 만남과 그에 대한 기대의 장소'를 실현할 때 비로소 자폐증을 앓는 단지와 분열증에 시달리는 우울의 도시는 새로운 형국을 맞게 될 것이다.

2000년 7월 6일 독일의 베를린에서는 전 세계의 100여 개 국가를 대표하는 건축가와 도시계획가 등의 전문가들이 모여 'Urban 21'이라 불리는 선언문을 채택한 바 있다. 희망을 잃고 하루하루를 살아가는 많은 지구인들에게 건축가들은 과연 보다 밝은 미래와 희망을 줄 수 있는가를 캐묻는 것이 선언의 주조였다. 그리고 교육과 올바른 시민사회의 형성 등을 에너 지원으로 하여 아름답고 생태적이며 사회경제적 정의가 실현 되는 도시건축을 만들어가자고 다짐한 바 있다. 그 선언이 담고 있는 올바른 시민사회나 사회경제적 정의의 실현은 자폐의 건축에서 이탈하고 분열의 도시를 다시 봉합하려는 노력, 즉 도시건축에서의 공공성 추구를 통해 가능하다는 것이다. 우리 는 사욕으로 무장한 파편화된 주택공간과 물욕으로 뭉친 고립된 단지를 열어 도시공간과 봉합함으로써 '왜곡된 아파트의 공간문화'를 치유해야 하는 과제를 안은 것이다. 이는 관행이 라는 이름으로 견고하게 만들어진 딱딱한 껍질을 벗는 일이 며, 이것은 의심 없이 믿었던 규범들에 대해 그 편리성과 신뢰도를 의심하는 것부터 시작되어야 할 것이다.

이미 한 세기 전에 카밀로 지테(Camillo Sitte)는 합리성과 과학적 논리를 앞세운 엔지니어링 중심의 편리한 도시공간 만들기를 격렬하게 비난하면서, 도시를 살아가는 사람들의 변치 않는 희망은 '흥미로운 무질서의 장'을 즐기는 것이라 역설한 바 있다. 이 말은 개발의 편리성을 무기로 하여 조각난 필지들을 묶어 거대한 블록으로 만든 후 주위와는 철저히 격리시킨 채 오브제(objects)로서의 위용을 반복적으로 드러내는 아파트 단지와 그 결과 심각한 분열증을 앓고 있는 우리의 도시에서도 여전히 유효한 금언이다.

세 장의 사진, 그리고 아파트 문화

세 장의 사진―유폐, 유희, 유목

이제 세 장의 사진을 살펴보자. 처음 것은 전민조가 동아일보 사진작가 시절에 촬영한 작품으로, 사진에 붙어 다니는 제목은 「1976년의 압구정동」이다. 지금은 한국 최고의 소비중심지인 서울 강남의 핵심공간이자 첨단 유행의 발신기지인 압구정 로데오 거리쯤으로 보이는 곳에서, 그저 하늘이 주시는 그대로 받고 땅이 가져가라는 만큼 거두는 촌부의 모습과 그 배경이 되는 고층의 판상형 아파트는 마치 서로 다른 그림을 합성한 것이 아닐까 하고 오해를 불러일으킬 정도이다. 스스로 익숙한 것으로부터 유폐당하고 친근한 것으로부터 단절당

「1976년의 압구정동」, 전민조

한 채 그저 땅을 갈아엎는 쟁기의 뿌리만을 바라보는 농부의 모습에서 우리는 '타율적 아파트의 폭력성'을 읽어낼 수 있다. 생활문화의 변화와 그 내적 요구로부터 비롯되지 아니한 우리의 '아파트'는 이렇듯 생활과의 괴리로 시작되었다. 당연한 일이지만 온전한 생활문화와 공간의 어우러짐을 담아내지 못했으며 문화의 집적체로 기능할 수 없었던 것이다. 아파트는 구호에 의해 강요된 생활의 근대화와 위장된 혁명 한국의 상징으로 강제되었던 것과 다름 아니라 하겠다.

두 번째 사진은 2004년 3월 강남구청에서 각 언론사에 배포하고 구청의 홈페이지에 올려두었던 보도 자료에 붙어있는 사진으로, 「서울에서의 벼농사」라는 제목으로 일간 신문에 일제히 게재되었다. 양재천 일대의 둔치를 이용해 벼를 심어 회색의 초고층아파트의 주민들에게 양재천의 물과 둔치의 푸르름 등 품격 높은 주거환경을 제공하는 동시에 흙을 밟을 기회를 갖지 못하는 비만의 도시인들에게 땅을 밟을 때의 그 폭신한 감촉을 다시 느끼도록 하겠다는 취지에서 마련된 행사를 촬영한 사진이다. 전민조가 촬영한 「1976년의 압구정동」에서는 땅의 속도에만 맞춰 살다가 우리 사회의 속도를 놓쳐버린 촌부의 소몰이 배경이 되었던 거대한 아파트가 오히려 퍼포

「서울에서의 벼농사」

먼스를 위한 장치로 느껴지지만, 「서울에서의 벼농사」에서는 역으로 논갈이가 오히려 퍼포먼스가 되고 있다. 생활과 괴리되었던 아파트가 전혀 생경하지 않은 풍경으로 다가오고 있고, 외부공간은 생산을 위한 노동의 터에서 이제는 오래 전의 기억을 떠올리기 위한 여가의 무대로 변한 것이다. 딱 30년만의 일이다.

세 번째 사진은 도시의 심리지리와 전용의 사례들을 새롭게 해석하고 실험하려는 여러 분야 작가들의 모임인 도시주의 그룹(Urbanism Research Group)인 플라잉시티(Flyingcity)의 설치작품이다. 1967년에 시작된 제2차 경제개발5개년계획에서 분명하게 밝힌 것처럼 민간의 투기자본에 의존하여 건설, 공급되었던 '아파트'의 도시침탈로 인해 이미 오래 전부터 땅은 투전(投錢)의 대상이 되었고, 오랜 기억을 땅에 담아두었던 그곳의 사람들은 돈에 밀려 유목민이 되면서 다른 곳을 찾을 수밖에 없었다. 하지만 그들의 발걸음을 지시할 푯대는 월드컵경기장과 세계무역센터, 모텔 그리고 서울역 등을 지시할 뿐이다. 현실적으로 그들이 선택할 수 있는 것은 서울역을 가리키는 방향으로 나아가는 것뿐이다. 그러나 그들이 그곳을 향

플라잉시티의 설치작품

해 나아가서 상경할 때와는 달리 떠나온 고향으로 되돌아가더라도 그들이 온전한 생활을 복원할 가능성은 거의 없어 보인다. 그곳 역시 '아파트'로 인해 난장(亂場)이 되었을 것이기 때문이다. '아파트'는 생활과 괴리된 채 강요되었지만 이제는 생활 자체를 지배하고 있는 것이다.

잠재된 욕망의 활화산, 아파트

동덕여대 교수 채완은 한 학술대회에서 발표한 논문 「아파트 이름의 사회적 의미」에서, 아파트 상표명에 나타난 우리 시대의 사회상을 모두 일곱 가지로 정리한 바 있다.[13] 웰빙 바람, 신분상승과 과시 욕구, 지성과 첨단생활의 추구, 예술적 생활의 추구, 가정의 행복 추구, 꿈과 희망의 추구 그리고 부자열풍이 그것이다. 그리고 어느 언론사는 '현실에서 더 큰 문제는 아파트단지 이름이 곧 버스 정거장 이름이 되는 우리 상황에서 빚어지는 의사소통 불능의 문제다'라는 취지로 채완의 논문을 소개하면서도 신문사에서 자체적으로 만들어 게재한 그림의 설명에서는 '색다른 집에 살고 있는 멋진 사람들의 이야기'라는 내용을 붙임으로써 아파트에 잠재된 소시민적 욕망을 부추기고 있다. 즉, 한국사회에서 아파트는 아직도 거주자의 정체성을 드러내는 매우 유효한 지표라는 점을 솔직하게 드러낸 것이기도 하지만 다른 한편으로는 부(富)에 대한 잠재적인 욕망을 아파트에 담아보라는 권고로도 읽힌다.

실제로 누구나 주택을 문화적 산물이라 말하지만 누구도 주택을 문화적 산물로 여기지 않는 우리의 척박한 풍토는 이처럼 언론을 비롯한 다양한 관련집단이 만들어놓은 필연적인 결과이기도 하다. 그런 점에서 학계, 건축가집단, 언론, 관료사회와 공공기관 그리고 중개업자와 건설업체 그 누구도 아파트에 의한 왜곡된 주거문화와 그 속에서 벌어지는 천태만상으로부터 자유로울 수 없을 것이다.

학계는 실천적인 비판이나 대안의 발굴 기능이 취약한 채 외국사례 바라보기에 치우친 풍토에 길들여져 있다. 우리나라의 아파트에 대해 글을 쓸 때면 언제나 날카로운 비판과 준엄한 심판을 앞세우지만 정작 실천적인 대안의 제시 기능은 미약하기 그지없다.

건축가집단 역시 크게 다르지 않다. 실제적으로 아파트 설계에 참여하지 않는 건축가들이 오히려 아파트에 관한 일이라면 목소리를 높이면서도 이를 개선하려는 적극적인 참여의지는 약하기 때문이다.

언론 또한 그 책임을 면하기 어렵다. 박물관이나 미술관의 경우와는 달리 아파트는 건축가의 땀과 노력이 배어있는 건축작품으로 여기지 않을 뿐만 아니라 사례나 기록을 축적하거나 전문가를 육성하는 일에는 관심이 없이 그저 광고수입을 위해 부동산 섹션의 한 면을 홍보성 기사로 채워나갈 뿐이다.

정부투자기관이나 지방공사 역시 주택과 관련하여 공공의 역할이 무엇인지 자기정체성을 확립하지 못하고 있다. 다른 나라의 아파트를 견학하러 가서는 산뜻한 디자인과 풍요로운 공간에 찬탄을 하면서도 정작 그 아파트가 그 나라의 공공기관이 건설한 공공아파트라는 점에 대해서는 언제나 침묵한다.

관료 사회의 경우도 이들보다 심하면 심했지 상황이 나은 편은 절대 아니다. 그들은 정책적 지표로 설정된 성장위주, 총량위주, 실적위주의 정책을 현장에서 밀어붙이는 강력한 집단으로서 경제논리에만 파묻혀 있을 뿐만 아니라 아파트를 경기부양이나 억제의 도구 이상으로 간주하지 않는 경직된 집단이다. 거의 모든 주택정책의 입안과 시행을 관료 사회가 주관하다 보니, 당연히 문화론자는 철

잠재된 욕망을 부추기는
외국어로 된 아파트 브랜드

저하게 배격당할 수밖에 없으며 발언권 역시 취약할 뿐이다.

최종적인 사용자에게 주택의 정보를 제공하는 중개업자는 실질적인 주거환경에 대한 정보전달 기능이 거의 없다고 할 수 있다. '평형'과 '실평수' 등 전용공간의 양에만 주목할 뿐 옥외공간의 질적 수준이나 환경적 수준에 대해서는 철저하게 함구한다. 아파트의 대부분을 최종사용자에게 직접 제공하는 건설업체는 좋은 환경이나 좋은 설계에 대해 전혀 투자동기를 느끼지 않는다. 그들은 환경의 질에 대해서는 침묵한 채 재산가치의 상승을 위한 수단으로서의 주택팔기에 혈안이 되어 있다. 부동산 가격앙등이 있을 때마다 주기적으로 반복되는 정부의 강력한 투기방지 대책도 문제지만 이런 대책이 나올 때마다 몸을 움츠리면서 정부를 대신하여 주택공급량 부족 때문에 전세대란이 일어날 것이라는 등 마치 큰일이라도 벌어질 것처럼 대신 걱정하는 집단이 바로 건설업체인 것이다.

대중소설을 통해 본 아파트의 이미지

1960년대 : 생활혁명의 대상 vs 질 낮은 저소득층 주택

 마포아파트 건설로 시작된 아파트의 대중화 과정은 내용적으로만 본다면 그렇게 순탄하지만은 않았다. 아파트 대중화시대를 선언한 대한주택공사의 경우도 아파트 건설과 함께 연립주택이나 단독주택을 지속적으로 건설하였다는 사실이 이를 반증한다. 그러나 1965년 연두에 발표된 건설부의 8대 주택정책은 부분적으로 이루어졌던 단독주택지 조성이나 연립주택의 건설을 아파트 중심으로 전환시키는 계기가 되었다. 당시 건설부가 발표한 8대 주택정책은 '①주택금고 설립(현재 국민은행과 합병한 주택은행의 전신), ②자재생산업체의 육성, ③시범주택 건설로 민간 자력건설 유도, ④조립주택 권장, ⑤민간주 투입으로 주택공사 개편, ⑥대지채권 발행, ⑦대단지 사업, ⑧건실한 주택기업에 대한 융자' 등이 골자를 이룬다. 그리고 이에 따라 서울 동부이촌동에 대단위 아파트 건설이 이어졌고, 전국에 걸쳐 표준설계에 의한 공무원 아파트가 건설되는가 하면 고층의 맨션아파트가 속속 등장하게 되었다.

그러나 앞서 언급한 것처럼 정책적으로 주도된 아파트의 집중건설에 대한 대중적 평판은 아직 긍정적이지 못한 상태여서 아파트에 대한 상류층의 긍정적 인식이 일반인보다 앞서 있었고, 사회지도층 혹은 아파트 생활을 경험한 이들은 각종 대중매체를 통하여 경험에서 체득한 아파트 생활의 편리성과 간소함 그리고 시간적, 정신적 여유를 강조하는 잡문들을 발표하거나 대중들을 향하여 아파트 살림의 위생적 장점을 기회 있을 때마다 설파하였다.

이는 아파트라는 주거형식이 여전히 대중적이지 못했고 정부의 공업화 정책이나 그와 동시에 추구된 서구식 생활로의 전환에 의한 근대화가 여전히 용이하지 않았음을 나타내는 것인데, 1966년에 신문에 연재되면서 폭발적인 관심을 불러일으켰던 이호철의 세태소설 『서울은 만원이다』에서 그 일단을 읽을 수 있다.

서울 와서 삼사 년 동안에 주로 중심가 쪽에서만 이 곳 저 곳 옮겨 다녀보았지만, 며칠 지나보니 살기는 이 도원동

만한 데도 흔하지 않았다. (중략) 가난한 마을이 대개 그렇
듯 조무래기들도 썩어지게 많았지만 쉬 정드는 구석이 있었
다. 마포아파트가 서있는 도화동이 저렇게 내려다보이고, 그
너머로 한강이 흘러가고, 오른편으로 공덕동이 마주 있고,
철길 건너로는 신공덕동 만리동이 이어지고 벼랑 밑으로 들
고 나오는 당인리 발전소로 가는 낡은 기관차소리도 어딘지
서울 같지 않은 풍경이었다. (중략) 사실 서울에 동(洞)도 많
고 사람도 많지만, 사람 사는 고장다운 젖은 정감을 느낄 수
있는 동이 얼마나 될까. 중심가 쪽은 날고뛰는 신식도깨비
들이나 돌아가는 곳일 터이고, 한다한 고급주택들이 늘어선
그렇고 그런 동은 썰렁하게 '맹견주의'라는 팻말이나 대문
에 붙여놓고, 높은 담벼락 위에도 쇠꼬챙이에 삐죽삐죽한
사금파리나 해 박았을 터이고 아래웃집에 삼사 년을 살아도
피차 인사도 없고 냉랭하게 지내기 일쑤이다. 이에 비하면
서민촌이 훨씬 사람 사는 냄새가 난다.[14]

　이것으로 알 수 있듯, 당시만 하더라도 여전히 실제적으로
대중들이 인식한 아파트에 대한 이미지는 상대적으로 부정적
이거나 관심 밖이었다. 1970년의 우리나라 총 주택수가 443
만 3천여 채인데 그 가운데 아파트는 3만 4천여 채에 불과한
0.77%였다는 통계가 이를 반증한다.[15] 당시의 아파트는 서울
시가 480동, 주택공사가 68동을, 그리고 내무부가 44동을 각
각 지은 것뿐인데, 서울시가 건설한 시민아파트는 규모가 작

았으며 질적 수준도 낮았고 주택공사가 지은 아파트는 이보다 약간 나았을 뿐이었다. 이에 따라 아파트는 '저소득층 주택' 또는 '질 낮은 주택'이라는 이미지가 형성되었다. 시민아파트의 경우에는 서울시의 예산부족으로 골조와 주요 설비만을 공급하고 내장은 입주자가 하도록 되어 있었으며, 호별 화장실 대신에 공동화장실이 설치되었으며, 주택공사의 아파트 역시 서민을 대상으로 하고 도시의 외곽에 입지하는 것이 보편적이고 시민아파트보다는 그 수가 적어서 일반인들의 생활과 여러 면에서 괴리되었다.

결국 마포아파트를 시작으로 단지식에 의한 아파트의 대량 보급이 추구되었다 하더라도 전체적으로는 여전히 단독주택 중심의 주택공급이 주류를 이루었고 대중들의 궁극적인 욕구는 이렇게 질 낮은 아파트보다는 땅을 가지는 넓고 큰 단독주택이었다. 당시 『주택』에 실렸던 수기에 따르면 이렇다.

아파트로 이사 간 첫날 저녁, 나는 밥상 위에 일거리를 펼쳐놓은 아빠를 가로막고 앉아 밤새도록 이야기를 강요할 만큼 기뻤다. 때로는 피곤하여 코피를 흘리면서도 조금도 싫증난 기색 없이 일을 계속해가는 억센 아빠의 손을 쥐고 나는 몹시 감격해하는 얼굴을 아끼지 않았다. (중략) 우리 소유의 아파트를 가진 즐거움이 있기는 했지만 그 상태에서 머물러 있을 수 없었다. 아빠는 계속 부업을 놓지 않았고, 직장에서 꾸준히 일한 보람이 있어 계장으로 승진했다. (중락) 아파트는 주부들의 가사노동을 편리하게 한 장소이고 큰애 학교문제를 들춘다. 그러나 나의 집념은 좀 달랐다. 작지만 내가 딛고 설 수 있는 뜰의 집이 부러웠다. (중략) 모든 일이 잘되어, 순조롭게 금년 10월 말 새로운 장소로 짐을 옮겼다. 김장도 끝냈고, 이해 겨울이 지나면 봄 뜰에서 파릇파릇 잔디의 새순이 돋아날 때 나는 꽃씨를 뿌리려는 꿈에 부풀었다."16)

이호철의 소설과 마찬가지로 이 수기는 여전히 대중들이 선망하는 궁극적인 선호주택은 아파트가 아니라는 것인데, 이는 1962년 박정희 정권에 의해 대한주택공사가 설립되었을 때부터 설정하였던 저렴한 대량 생산기술에 의한 주택공급의 확대가 결국 저소득층의 주택이라는 이미지를 형성했기 때문인 것으로 보인다.

1970년대 : 아파트와 중산층의 등가화

"아파트 주택과 서민의 어울림이 깨지는 결정적 계기는 와우아파트 붕괴와 광주 대단지 주민소요 사건이다."17) 1970년 4월의 와우동 시민아파트 붕괴사건과 도심재개발을 위한 철거민 수용계획에 따라 마치 황무지에 쓰레기를 버리듯이 무허가 주택지의 주민들이 광주군으로 강제 이주되는 과정에서 빚어진 1971년의 광주 대단지 주민소요 사태는 시민아파트 건설계획의 백지화를 추동하였다. 그리고 1960년대 말부터 고조되었던 남북간의 긴장상황은[18] 광주 대단지 주민소요 사태를 맞아 급격한 사회적 불안요인으로 작용하면서 아파트는 중산층을 대상으로 하는 주택으로 자연스럽게 전이된다. 물론 이러한 이유 이외에도 고등교육을 받은 중산층의 편리성 추구를 위한 아파트의 선호도 증가와 투기수요의 증가, 국가주도적인 중화학공업 육성정책의 추진에 따른 주택부문 투자의 상대적 부족과 후순위로의 퇴조 및 민간부문에의 의존성 확대 등은 중, 고소득층 가구를 대상으로 하는 아파트 수요를 부추기는 동기가 되기도 하였다.

중산층을 대상으로 1970년에 주택공사가 건설한 한강맨션 아파트와 이 아파트의 성공적 분양에 자극받아 서울시가 1971년부터 건설한 여의도 시범아파트 등은 최초의 분양 어려움에도 불구하고 수개월이 지나지 않아 프리미엄이 붙는 등 인기가 치솟아 민간아파트의 개발을 자극하는 동시에 반포, 잠실 등의 대단위 아파트의 건설로 이어진다. 당시 주택공사가 건설한 아파트의 규모는 과거의 시민아파트 평균규모인 8평과는 달리 18평에서 40평까지 확대되었고 민간아파트의 경우는 70평에 이르렀으며, 반포의 경우는 그동안 경험하지 못했던 복층형 아파트까지 건설되었다. 물론 다소의 어려움이 있기는 하였지만 전반적으로 부동산 경기의 약세는 아주 짧은 동안이었다. 곧바로 투기과열과 가격폭등이 전개되었고 그 양상은 1970년대 말까지 계속된다. 이 과정에서 아파트는 '저소득층

주택'이라는 이미지는 완전히 제거되고 '중산층이 선망하는 주택'으로 자리하게 되었으며, 과거와는 달리 단지의 규모를 확대하고 수영장 등의 시설까지 제공함으로써 대단위 아파트 단지는 곧 중산층의 집단적 주거지라는 이미지를 확고히 한다. 더불어 중산층의 주택이라는 이미지는 다양한 영역에서 세분화된 아파트의 이미지 형성을 자극하게 된다.

가짜 집에 대한 선택의 강요

이런 가운데 국내에서 처음으로 모델하우스를 지어 아파트를 분양한 여의도 시범아파트는 결국 가짜 집을 구경하면서 진짜 들어가 살 집으로 착각하게 하는 잘못된 주택관(住宅觀)을 만들어내는 데 결정적인 동기를 제공하였다. 서하진의 「모델하우스」를 보면 모델하우스를 통해 훈육된 주택관이 어떻게 오늘날의 대중들에게 자리하게 되었는가에 대한 일면을 볼수 있다.

그곳은 축제의 날처럼 붐볐다. 성채처럼 화려한 건물 위에 푸르고 붉은 깃발이 휘날리고 있었다. 62평, 55평이라고 적힌 집을 지나 27평 모델하우스에 들어서자 남자 하나가 내게 따라붙으며 말을 걸었다. 사모님, 저쪽 주방으로 가보시죠. 사모님처럼 젊은 분께서 정말 좋아하실 완벽한 시스템 키친이거든요. 사모님? 내게는 그런 호칭으로 불린 기억이 없다. 식기세척기와 세탁기가 장착된 환한 부엌을 보면서 나는 들떠 있었다. 흠 잡을 데 없이 꾸며진 세 개의 방. 베란다의 실내정원에는 물을 뿜는 작은 정원조차 있었다. 저처럼 예쁜 공간에서 차를 마시면 남편과 나의 세계도 그렇게 환해질 것 같았다. 그는 내게 말할 것이다. 여보, 믿어지지 않아. 그리고 아직껏 이따금 잠결에 부르는 이름도 그의 꿈속에서 사라지리라. 어쩌면 우리는 예쁜 아이를 낳을 수도 있으리라. 나는 얼른 남편을 그곳으로 오게 하고 싶었다. 그 순간처럼 그가 간절히 그리웠던 적은 없는 것 같았다. 기쁨의 감격으로 일그러지다 환하게 밝아질 남편의 얼굴이 목이 아프도록 보고 싶었다. 내 표정을 읽은 남자가 명함을 건네며 친절하게 말했다. 로열층이 많이 나와 있습니다. 저희 사무실로 가시죠.[19]

단위주택(unit) 내의 설비와 마감재 고급화를 통한 반복적인 학습효과는 곧 방과 발코니(베란다로 불리는) 공간만을 생활공간으로 인식하는 행태를 강화했고, 가족중심의 공간이 갖는 폐쇄성을 그 특징으로 했다. 이는 곧 내부공간 중심의 생활공간 인식을 고착하는 계기가 되었고 따라서 외부공간에 대한 질적 수준이나 이웃과의 교류공간 등 공용공간과 공공공간을 생활공간으로 편입시키지 않는 주택관의 형성에 강력한 동기가 되었음을 의미한다. 따라서 내향적 주거생활과 자폐적인 단지환경에 대한 익숙함의 강요는 모델하우스에 의해 아파트의 대중적 이미지 가운데 하나로 고착된 것이다.

냉소적 경이의 대상, 속물들의 집

중산층의 주택이라는 이미지를 강화한 아파트는 가속되는 도시화의 과정에서 고향을 등진 상경자들에게 냉소적 경이의 대상으로 각인되기도 하였다. 정부의 중화학공업 육성정책에 따라 상대적으로 피폐된 농촌을 떠나 온 가족이 도시로 편입한 복천 영감의 눈에 비친 아파트에 대한 묘사를 담고 있는 조정래의 『비탈진 음지』는 이를 잘 설명하고 있다.

오늘의 일터인 아파트촌도 일거리는 심심찮은 편이었다. 처음 이 아파트촌을 먼발치에서 보고는 무슨 공장들이 저렇게 한 군데에 빽빽이 몰려있을까 싶었다. 그런데 공장이라 하더라도 그 숫자가 너무 많았고, 지나치게 깨끗했다. 그럼 학교일까? 학교라면 무슨 학교가 잇대어 있지 않고 토막토막 떨어져 있단 말인가. 그리고 역시 그 건물의 숫자가 너무 많았다. 창고? 그 많은 서울 사람들이 먹고 사는 쌀을 넣어 두는 창고? 그러나 이것도 저것도 아닌, 사람이 사는 '아파트'라는 이름의 집인 것을 알고 그만 깜짝 놀랐던 것이다. 1, 2층도 아닌 5층이나 6층의 높은 건물에 층층이 사람이 산다는 것이었다. 사람들이 살림을 하고 산다는 것이었다. 머리 위에서 불을 때고 그 머리 위에서 또 불을 때고, 오줌 똥을 싸고, 그 아래에서 밥을 먹고, 그러면서 자식을 키우고 또 자식을 낳고, 사람이 사람 위에 포개지고 그 위에 또 얹혀서 살림을 하고 살아간다는 것이었다. 딸은 몰라도 아들을 키우는 데는, 서는 경우 머리 위에 걸리는 것은 대들보요 눕는 경우에 맞닿는 것은 벽뿐이어야 했다. 그래야 사내가 크게 되고 이름 높은 사람이 되는 것이었다. 아들을 뉘어놓고 에미라 한들 어디 감히 머리 위를 지나칠 수 있단 말인가. 어찌됐건 서울사람이란 보배운 데 없고 징상스러운 인종들이라 싶었다. 그런데 더욱 놀란 것은 그 아파트라는 집이 상상할 수조차 없도록 비싼 것이었다.[20]

공장인지 학교인지 구분하기 어려운 끝도 없이 펼쳐진 같은 모양의 건축물, 한 곳에 빽빽하게 몰려 사는 사람들, 깨끗하게 정돈된 외부공간과 한 방향으로 내걸리는 빨래와 장독들, 그리고 5층 남짓하게 쌓아올린 건물 속에 층층이 살림을 살아가는 서울사람들이라는 의미는 곧 그러한 환경에 익숙하지 않은 전근대적 계측기준을 가진 이들에게는 경이의 대상이었다. 하지만 그것이 생활과의 합일성에서 드러난 것이 아니라는 점에서는 냉소가 자리할 수밖에 없었으며, 자본주의 사회의 빈부갈등을 상징하는 대상으로 아파트가 존재하게 되었다는 점을 은유하기도 한다.

편리성에의 위무

아파트가 중산층의 주택으로 그 수요가 급격하게 늘고 저소득층의 주택이라는 이미지를 벗어날 수 있었던 것은 서구식 고등교육을 받은 30대의 젊은 세대들이 아파트를 선호했기 때문이었다. 아파트는 같은 시기에 건설된 단독주택에 비해 편리하고 편안하고 젊은 사람들의 취향과 선호에 잘 맞았으며, 아파트에 산다는 것 자체가 선망의 대상이 되었던 것이다. 이는 곧 아파트가 일상적인 지역활동 및 가족단위의 생활환경에 있어 선택의 풍요로움과 시설이용의 편리성을 담보하고 있었음을 예증하는 것이다. 서성란의 『겨울손』은 시골 중소도시에 위치한 시댁의 재래공간과 자신이 살고 있는 도회의 아파트를 대비시키면서 아파트 공간의 편리성에 위무(慰撫)되는 풍경을 그리고 있다.

자경이 방으로 건너간 뒤 정하는 옷을 갈아입고 부엌으로 나간다. 좁고 일하기 불편한 구식 부엌이다. 날이 추워지면 비좁은 부엌 한쪽에 쭈그려 앉아서 세수를 해야 한다. 연탄아궁이 위에 놓인 커다란 들통에서 물이 끓고 있다. 정하는 세숫대야에 물을 퍼 담아 얼굴과 발을 씻는다. 벽에 걸린 수건을 내려 얼굴을 닦으면서 천천히 부엌 안을 둘러본다. 흔하디흔한 싱크대 한쪽 없고, 그릇들은 나무로 만들어진 찬장에 들어 있고, 저녁을 먹고 설거지한 그릇들은 부뚜막 위에 엎어져있다. 설거지를 하거나 반찬거리를 다듬으려면 부엌 바닥에 쭈그려 앉아야 한다. 정하는 떠나온 자신의 집 부엌을 떠올려 본다. 조리대와 개수대, 냉장고와 식탁이 디귿 자로 놓인 편리하고 쾌적한 공간. 365일 내내 더운물이 나오는 욕실과 난방 따위는 걱정하지 않아도 좋은 아늑한 아파트 단지 내 상가에 가면 필요한 물건은 거의 완벽하게 갖추어져 있다. 슈퍼마켓에 가서 식료품을 사고 비디오 가게에 들러 영화 한 편을 빌려올 수도 있고, 혼자 저녁을 먹어야 하는 날은 패스트푸드점에 가서 햄버거 세트와 감자튀김을 사 먹을 수도 있다.[21]

이 같은 이미지는 아파트가 오늘날 사람들이 주택으로 가장 선호하는 대상으로 지속되고 있는 이유가 되기도 한다.

소득계층간 위화감의 척도

다음으로 추출할 수 있는 아파트에 대한 이미지는 계층간의 위화대상으로 자리하였다는 점이다. 1970년대에 들어서면서 아파트가 중산층의 주택으로 자리매김하였다는 뜻은 곧 중산층 이하의 사회계층과 중산층을 나누는 대중적 방법으로 아파트에 거주하느냐의 여부가 그 잣대로 작용하고 있었음을 의미하는 것이다. 엄마와 딸의 비밀 유지를 서사의 골격으로 구성하며 어머니가 1970년대 말엽의 자기 주변상황을 회고하는 내용으로 꾸려진 이순원의 장편소설 『스물 셋 그리고 마흔 여섯』은 아파트로 인한 사회의 계층의식이 얼마나 보편적으로 대중들에게 자리하고 있었는가를 상징적으로 그리고 있다.

다르다고 생각했던 건 출생과 성장 과정의 얘기만이 아니다. 서로 다르게 태어나고 다른 길로 자라왔어도 오히려 그것은 작은 부분일 수 있다. 나는 그렇게 생각했다. 그 오빠와 내 미래가 앞으로 더 크게 다를 거라고 생각해 왔다. 서로 다른 공부를 했으니 세상에 대한 생각 같은 것도 다를 것이다. 그래서 그 옆에 서기가 힘든 부분도 있었을 것이다. 그러나 그 무렵 내가 나와 그 오빠가 가장 다르다고 생각했던 것은 그 당시로서 현재의 모습이 아니라 아직 맞이하지 않은 미래에 대해서였다. 솔직히 지금의 내 삶은 내가 부러워는 했어도, 그래서 나도 한 번 그렇게 살아봤으면 하고 꿈을 꾸긴 했어도 단 한 번도 내가 그런 삶을 살게 되리라는 희망 같은 걸 가져본 게 아니다. 남편과 결혼을 하며, 또 윤희를 낳으며 내가 희망했던 삶은 한 칸짜리 반지하방에서 지상의 두 칸짜리 방으로 전세를 옮겨 갈 수만 있다면, 하는 것이었다. 언젠가는 그렇게 되겠지만 그러나 그것도 쉽지 않을 거라고 생각하며 살아왔던 게 내 삶이었다. 그 무렵 아주 가끔 승호 오빠를 생각하긴 했었다. 남편 대신 마음속으로 그 오빠를 그려 그런 생각을 했던 것은 아니었다. 길을 가다가 문득 그 무렵 막 나온 국산 승용차를 볼 때, 그리고 새로 지은 반듯한 아파트를 볼 때, 그래, 같이 서울 어딘가에 살고 있어도 승호 오빠는 저런 차를 타고 저런 집에서 살 거라고 생각했다.[22]

이 소설은 1979년에 한국 최초의 국산승용차가 나왔다는 사실에서 1970년대 중후반을 배경으로 하고 있고, 주인공은 자신의 처지와는 상대적으로 다른 중산층 가정에서 자란 연민의 상대자는 당연히 국산승용차와 아파트를 보유하여야 한다고 단정하고 있다. 이는 아파트가 중산층의 선호대상으로 정리되면서 대중적 이미지와 의식 속에 계층화가 아파트로 인해 강화되었음을 뜻하는 대목이 된다.

가족공간의 강화, 사회적 담화공간의 약화

1968년 이후 민간자본 의존적인 생산기반에서 출발한 아파트는 굳이 사회학적 이론을 동원하지 않더라도 이기적인 정체성과 차이에 대한 인식강화를 지원하는 폐쇄적 공간으로 자리하면서 가족공간의 강화를 지원하였으며 그로 인해 사회적 분화관계를 공고히 하는 매개가 되었음은 주지의 사실이다. 특히 촌락공동체와는 다른 근대 도시의 집합적 삶은 본래적 의미의 공동체 형성이 자연스럽거나 일반적이지 않은(또 일반적일 수 없는) 양상을 가져왔으며, 소외와 익명을 강화하여 왔다. 1971년에 발표된 최인호의 소설 『타인의 방』은 도시형주택으로서의 아파트가 야기하는 고독과 소외, 그리고 폐쇄적인 방이 주는 안온함과 피곤함을 상징하는 거리를 대비시키면서 익명과 폐쇄의 공간으로 아파트를 상징하고 있다.

그는 울분에 차서 한숨을 쉬면서, 발소리를 쿵쿵 내면서, 한없이 잠겨 들어가는 피로를 느끼면서, 코트를 벗고 넥타이를 풀고, 와이셔츠를 벗는 일관된 작업을 매우 천천히 계속하였으며 그리고는 거의 경직이 되어 뻣뻣한 다리를, 접는 나이프처럼 굽혀 바지를 벗고 그것을 아주 화를 내면서 옷장 속에 걸었다. 그때 그는 거울 속에 주름살을 잔뜩 그린 늙수구레한 남자를 발견했고, 그는 공연히 거울 속의 자기를 향해 맹렬한 욕을 퍼붓기 시작했다. 제기랄, 겨우 돌아왔어, 제기랄, 그런데두 아무도 없다니. 그는 심한 고독을 느꼈다. 그는 벌거벗은 채, 스팀 기운이 새어나갈 틈이 없었으므로 후텁지근한 거실을, 잠시 철책에 갇힌 짐승처럼 신음을 해가면서 거닐었다. 가구들은 며칠 전하고 같았으며 조금도 바뀌지 않은 것처럼 보였다. 트랜지스터는 끄지 않고 나간 탓으로 윙윙거리고 있었다. 그는 그것을 껐다. 아내의 옷이 침실에 너저분하게 깔려 있었고, 구멍난 스타킹이 소파 위에 누워 있었다. 다리 안쪽을 조이는 고무줄이 탁자 위에 놓여 있었다. 루주 뚜껑이 열친 채 뒹굴고 있었다.[23]

돈을 좇는 욕망의 분출과 가족의 해체

이와 함께 1970년대 후반에 불붙기 시작한 부동산 폭등과 그 주된 요인인 아파트로 인한 가족의 해체 역시 중요한 이미지 중 하나로 자리한다. 1977년부터 1978년에 이르는 기간 동안의 아파트 투기수요는 사회적 물의를 일으킨 정도에서 벗어나 정치적 이슈로 등장하기도 하였기 때문이다. 이 과정에서 빚어진 가족의 해체와 도시유목민들의 부유 현상은 김숙의 작품인 「오래된 붉은 벽돌집」에 생생하게 묘사된다.

남편에게 뿌리내리지 못한 제가 먼저 집에 목숨을 걸기 시작했는지 아니면 끊임없이 새 집을 찾아 헤매는 저를 견디지 못한 남편이 먼저 바깥으로 나돌기 시작했는지 모르지만, 언제부턴가 저는 남편의 손 씻는 일을 까맣게 잊고 말았습니다. 45평짜리 아파트가 제 앞으로 떨어진 날부터였을 것입니다. 저는 더 이상 남편의 손 따위에 연연하지 않았습니다. 물론 저도 처음엔 세 식구 등을 맞대고 오순도순 살아가기 위한 집 한 채를 갖는 것이 꿈이었습니다. 하지만 꿈이 이루어지자 허기와도 같은 욕망이 또 다른 집으로 눈을 돌리게 했습니다. 저는 남의 애인을 가로채려는 여자처럼 무슨 짓을 해서라도 원하는 집을 손에 넣고야 말았습니다. 새 집을 손에 넣을 때마다 이제 더는 부유(浮游)하지 않고 그 집에 닻을 내리리라 생각했었지요. 하지만 세상 사람들이 더 이상 집을 짓지 않는다면 모를까, 더 비싼 집, 더 화려한 집에의 유혹은 번번이 제 심신을 송두리째 흔들어 놓았습니다. 십 년을 함께 산 남편이 가방 하나를 들고 홀연히 집을 떠나간 바로 다음 날, 저는 금박 명함을 박았고 아무리 멀고 험한 곳이라도 갈 수 있는 새 사륜구동 자동차를 샀습니다. (중략) 아빠가 떠난 것도 다 엄마의 그 집 타령 때문이란 거 몰라? 아빠를 따라갈걸 그랬어. 나도 엄마가 지긋지긋해. 그것이 딸아이의 마지막 경고인 줄 꿈에도 몰랐습니다.[24]

절집에서 자라 공간의 소외와 또래문화 집단과의 격리를 온 몸으로 겪은 마흔 살의 간병인이자 파출부인 소설 속 화자가 일흔의 환자에게 고백하는 형식으로 구성된 1인칭 소설인 이 작품을 통해 우리는 1970년대 말에 있었던 아파트 투기와 그로 인한 가족의 해체와 도시유목민으로서의 거주자를 읽어 낼 수 있다.

1980년대 : 저소득층의 내 집 마련 이미지 강화

1980년대는 정치경제적 위기상황으로 시작된다. 유신체제의 붕괴와 신군부에 의해 만들어진 국보위 입법회의는 도시의 주택부족 문제를 해소하기 위한 공공주택건설 및 택지개발계획안을 수립하는데, 그 골자는 1981년부터 1991년까지 주택 5백만 호를 건립함으로써 주택보급률을 77%에서 90%로 높인다는 것이었다. 물론 이 과정에서 정책의 목표가 효과적으로 추진되지 못하였으며, 정부의 강력한 물가억제 정책과 그로 인한 투기자본의 위축과 미분양 사태 발생 등은 1980년대 후반까지 지속되었다.[25] 500만 호 주택건설계획은 수차례 수정되었지만 그동안 5년을 기간으로 하는 임대주택의 공급확대가 일부 이루어지고 전두환 정권을 이은 노태우 정권에 의해 주택 200만 호 공급계획이 재차 수립된다. 여기에는 계층별 주택공급 빈곤층 주택지원대책이 포함되면서 처음으로 영구임대주택과 사원임대주택 등이 건설된다.

또한 민간개발업자에 의한 주택재개발을 촉진하기 위한 합동재개발 방식이 도입되어 불량주택지를 철거하고 조합에 의한 아파트건설을 촉진하기 위하여 각종 규제가 완화되면서 소위 합동재개발방식으로 지어지는 아파트가 도심의 불량주거지를 대체하는 양상이 전개된다. 이와 함께 서울 주변의 과천 신도시, 개포 단지, 상계신시가지, 목동신시가지 등이 개발되었고, 200만호 주택건설계획의 일환으로 분당, 일산, 평촌 등 수도권 5개 신도시가 개발되면서 아파트 중심의 생활문화는 한층 공고한 자리매김을 하기에 이른다.

공영개발과 분양가 규제 등을 통한 국가권력의 개입 강화와 함께 이 시기를 거치며 아파트는 대량공급계획을 지원하기 위한 표준설계방식의 채택, 토지이용효율 극대화를 위한 층고제한과 허용용적률의 완화, 합동재개발방식에 의한 밀집주거지역의 아파트단지로의 전환, 대단위 신시가지와 신도시개발에 의한 아파트 중심 주거지의 도시외연부로의 확대와 영구임대주택의 건설 등이 이루어졌고, 다세대 다가구 주택 등 도시지역 내 자투리땅을 이용한 주택공급의 확대가 여기에 동반되기에 이르렀다. 따라서 1980년부터 1987년까지 연평균 22만 호가 공급되었던 주택은 1988년에는 32만 호, 1989년에는 46만 호로 급증하게 되었으며 1990년에는 사상 최대인 75만 호 등을 기록하게 되는데 이 과정을 통해 아파트는 과거의 중산층 중심의 이미지에서 벗어나 도시민들의 내 집 마련의 기회 확대와 함께 다양한 사회적, 공간적 함축의미를 담는 상징으로 전이되기에 이른다.

소시민적 욕구 충족의 결과로 성취한 '우리 집'

이 과정에서 가장 보편적이고 일반적인 아파트의 이미지는 내 집 마련의 대상으로 아파트의 이미지가 고착되었다는 것이다. 이창동의 소설 『녹천에는 똥이 많다』에는 비로소 내 집을 마련한 도시 소시민의 아파트에 대한 이미지가 강렬하게 묘사되어 있다.

> 아, 드디어 진짜 우리 집에 왔네. 일주일 전 이삿짐을 실은 트럭을 타고 아파트 앞마당에 도착했을 때, 그의 아내가 내뱉은 첫마디 말이었다. 정말이지 그들은 너무나 멀고 험한 길을 돌아서 이제 마침내 '진짜 우리 집'에 도착했던 것이다. 그들이 얻은 집은 이른 바 상계동 신시가지라 이름붙은 대규모 아파트단지의 한쪽 끝에 위치하고 있었는데, 15층이나 되는 고층 아파트 맨 아래층 귀퉁이에 있는 집이었다. 맨 아래층 귀퉁이집이라는 것은 아는 사람은 다 알겠지만, 같은 동(棟), 같은 평수의 집 가운데서도 가장 집값이 떨어진다는 뜻이었다. 그러나 집값이야 어찌되었든, 중요한 것은 그의 집이 아내의 말마따나 진짜 우리 집이란 사실이었다. (중략) 마침내 수도꼭지에서는 뜨거운 물이 항상 쏟아지고 방이 세 개에다 조그만 거실까지 있는 23평 아파트가 준식 자신의 소유가 된 것이었다. 수돗물을 많이 쓰고 집안에서 떠들고 다녀도 누구 하나 잔소리 할 사람도 없고 눈치볼 일도 없었다. 물론 집세 올려달라고 할까 걱정할 일도 없어졌다.[26]

사회운동가였던 소설 속의 인물 준식이 물량중심적인 주택
공급과정에서 자연스럽게 생성되는 도시 소시민의 꿈으로서
의 '내 집'에 대한 기대와 성취가 한 인간의 가치관 변화를 추
동했다는 점은, 보편적인 이미지로서의 아파트가 얼마나 강력
한 사회적 기제가 되었던가를 반증하는 대목이라 할 수 있다.

공간의 재편과 기억의 상실

두 번째로 언급할 수 있는 이미지는 1983년의 민간합동재
개발방식에 의한 불량주택지의 재개발 가속화로 인한 기존 공
간조직의 재편에 의한 기억의 상실에 관한 이미지이다. 김인숙
의 소설『그래서 너를 안는다』는 이 과정을 잘 묘사하고 있다.

인호는 일찌감치 가게 문을 닫고 집으로 돌아갔다. 산동
네를 떠나온 뒤, 오랜 시간이 걸려 인호와 인호 어머니는 세
입자들에게 분양된 영구임대주택에 자기 집을 마련할 수 있
었다. 18층짜리 고층에 열 평 안팎의 작은 임대아파트들이
었다. 인호가 어머니와 단둘이 살고 있는 열한 평짜리 아파
트는 13층에 있었는데 엘리베이터에서 내려 복도를 걸어가
다 보면 복도 저 끝으로 그녀가 살았던 산동네의 폐허 같은
풍경이 한눈에 보였다. 임대아파트들이 먼저 건설되고 중·
대형 고급아파트들이 세워지고 있는 그 산동네의 재개발현
장은 붉은 노을 속에서 엄청나게 거대하고 또 엄청나게 비
장한 모습으로 바라보였다. 하늘 높게 치솟은 골재들, 그 골

재 위에 딱 버티고 앉은 타워크레인의 당당한 모습. 거기에 더 이상 산동네는 없다. 깎을 수 없는 산의 마지막 부분은 이제 주민공원으로 꾸며질 것이라고 했다. 그러면 거기에는 티브이 광고에서 보였던 것처럼 다람쥐들이 뛰놀고 냇물이 졸졸 흐르게 될지도 모른다. 엄마 아빠의 손을 잡고 그 언덕의 산책로를 촐랑거리며 뛰어다닐 아이는 행복에 겨워 까르르 웃음소리를 토해 낼 것이다. 그 아이는 결코……. 그곳에……. 십수 년도 더 전에……. 저만 했던 아이들이 윗도리를 홀랑 벗고 무릎에 피딱지를 매단 채로 연탄재를 집어던지며 골목싸움질을 했었다는 것을 알지 못할 것이다.[27]

즉, 아파트는 곧 공간환경의 측면에서 기억의 상실을 야기하였다는 점을 언급하고 있으며, 민간합동재개발방식은 "개발이익 극대화를 위해 부동산 가치가 높은 중대형 규모의 주택 위주로 개발됨으로써 저소득층이 대다수인 도시 내 기존 주민의 재정착보다는 중산층을 위한 주거단지로 변하는 것이 불가피하다"[28]는 인식을 가져왔다는 것이다.

물리적 공간의 결속력 와해, 비물리적 사회관계의 절연
세 번째는 노태우 정권에 의해 1989년 최초 공급된 영구임대주택단지가 우리나라 최초로 최저소득계층을 대상으로 하는 목표계층 주택공급을 시작하였다는 긍정적 성과에도 불구하고 공간적으로 그들 집단을 격리하였으며, 사회적으로도 저소득층을 고립하는 결과를 가져왔다는 것이다. 이에 대해서는 김윤영의 「철가방 추적작전」이 단연 백미이다.

　　시계를 보니 1교시 수업 시간이 다가오고 있었다. 아줌마에게 새로운 정보가 없는지 빨리 확인해야 했다. 가리봉 아니면 부천이 맞대유. 아줌마는 이 한마딜 툭 던졌다. 그녀는 내 밀착수사 패턴에 이미 익숙해져서 학교에 남아있는 정훈의 측근들을 철저히 마크해왔다. 그 녀석들을 내가 심문해봤지만 자기들도 깜짝 놀랐다며 하나같이 입을 딱 봉했다. 그러나 아는 사람들은 다 알고 있었다. 임대아파트 애들은 보통애들과 달리 결속력이 대단했다. 강남의 외딴섬, 또는 강남의 음지로 불리는 수서의 임대아파트단지는 그 큰 규모에도 불구하고 여전히 인근 주민들의 눈엣가시였다. 우리 학교는 그렇다 쳐도 수서갑중학교에 배정되는 일반 단지 애들은 꼭 한 번씩 난리를 치곤했는데 기어이 전학을 시키거나 강남교육청을 고소하는 일도 있었다. 집값 떨어진다고 하는 정도는 불평 축에도 못꼈다. 임대아파트 애들이랑은 놀지 말라며 문둥병자 취급하는 부모들 중에 박사며 교수며 의사가 있었다. 무시를 당할수록 그곳 애들은 똘똘 뭉쳤다. 어차피 집에 있어봤자 좁기만 하고 컴퓨터도 비디오도 오디오도 게임기도 없고 읽을 책은 더욱 없고 정훈이 아버지처럼 알코올 중독이거나 장애인, 노인네들이 집집마다 있어 다들 집밖으로 뛰쳐나오곤 했다. 돈이 아이들을 움직이는 원동력이었다.[29]

일정구역을 정해 집단적으로 최저소득계층을 위한 영구임대아파트를 건설했던 것은 그 양적인 성과에도 불구하고 이렇듯 공간적 격리와 사회적 격리 모두를 획책한 것이었고, 임대아파트는 곧 '격리된 공간으로서 보편적인 사회공간에 편입시키지 말아야 하는 혐오의 대상'으로 고착되는 계기가 되었다.

도시유목민의 부유와 배회

네 번째의 이미지는 분당과 일산 등 수도권 5개 신도시 건설 등으로 인한 도시공간의 확대에 따른 도시민의 유목민화에 대한 이미지이다. 공지영의 「부활무렵」은 수도권 신도시 건설에 의해 정주지를 잃고 방황하는 유목민을 잘 그리고 있다.

고급 빌라들이 들어선 무지개마을, 불곡산 자락에서부터 골목길까지 순례 말대로 꽃들이란 꽃은 다 피고, 찬바람 속에서도 볕은 뜨거웠다. 저기 무지개마을 삼성아파트는 친구 삼순이가 살던 집이었지, 순례는 버스를 기다리며 무지개처럼 멀리 있는 아파트를 바라보았다. 지금 아파트를 지은 저 산에는 임자 없는 무덤들도 있었다. 어른들이 육 이오 때 억울하게 죽은 임자 없는 무덤들이라고 가끔 혀를 끌끌 차기도 했던 것 같다. 그 무덤들은 다 어디로 갔을까. 저기 청구아파트 자리는 초등학교 때 소풍갔던 자리. 친구들은 모두 단무지에 시금치에 당근을 넣은, 빨갛고 노랗고 파란, 꽃처럼 예쁜 김밥을 싸가지고 왔는데 순례는 소풍날에도 까만

보리밥 든 도시락이 부끄러워서 친구들 몰래 구석자리를 찾아 갔다. 그때도 이렇게 꽃들이 피어나고 그때도 이렇게 연초록 이파리가 돋았다. 봄이면 붕어가 지천이었던 탄천, 그리고 저만치는 어린 그녀가 살던 집이었다. 집은 사라지고 아파트가 들어서고…… 일찍 집을 떠나 서울로, 수원의 공장으로 떠돌다가 다시 고향땅으로 돌아와서 파출부 일을 할 줄 순례는 몰랐다. 분당의 농사꾼이었던 아버지는 얼마나 복이 없으면 분당이 개발될 지도 모르고 땅을 팔았는지, 그 땅으로 소를 사고 소값이 똥값이 되고, 그러자 결국 아버지는 농사도 소 키우기도 걷어치우고 커다란 함지박에 쇠고기를 받아서 팔러 다니다가 죽었다. 땅을 팔지 않았으면 소도 안 사고 그저 가만히만 있어도 돈이 커다란 함지박으로 가득했을 텐데…… 애쓰면 애쓸수록 가난은 올가미처럼 그녀와 가족들을 죄어들었다. 아버지가 애쓰지 않았다면, 만일 아버지가 게으른 농부였다면, 그렇다면 아버지의 두 딸도 이 분당에서 남의집살이를 하지 않았을 것이다. 오늘 같은 봄이면 새로 뽑은 차를 타고 꽃구경을 갔을지도 모른다. 그런데, 임대아파트 보증금 이백을 일주일 안으로 올려달라고 관리사무실에서 독촉장이 날아온 일이 희미한 추억을 비집고 들어섰다. 도둑질을 해야 될 사람은 사실 순례 자신이었다. 딸 지수 등록금 마련하느라 빚까지 얻었는데 이백을 어디서 마련하나, 미금역까지 가는 마을버스를 타고 자리를 잡았을 때 순례는 문득 머리가 멍해지면서 사는 게 고되구나, 하는 생각이 들었다. 순례는 별로 흔들리지도 않는 버스에 앉아 손잡이를 움켜잡았다. 남편이 죽고 애들 데리고 시집을 나왔을 때도, 이런 생각을 해보지 않은 그녀였다. 장미 농장에서 한철, 아침 일곱 시부터 밤 세 시까지 일할 때도, 함바집에서 200명 인부 밥을 해댈 때도 이런 생각은 들지 않았다. 내가 늙나. 순례는 문득 서글퍼졌다. 아니 어린 나이에 이런 생각을 한 적이 있긴 있다. 그녀가 분당 고향집에서 서울 동부이촌동 아파트로 식모살이 떠날 때였을 것이다.[30]

이처럼 수도권 5개 신도시의 건설은 유목민을 발생시켰을 뿐만 아니라 한곳에서 오랜 동안 정주하였던 사람들의 생활기반 전체를 뒤흔들었던 것이다.

1980년대를 관통한 아파트 위주의 주택공급은 상대적으로 관심이 적어진 단독주택지의 음울한 이미지를 양산한다. 예를 들면, 1980년대 중반에 만들어진 다세대주택, 다중주택, 다가구주택 등에 의한 단독주택지의 변화는 열악한 환경의 지하방과 불법건축공간으로 전용되는 옥탑방 등의 새로운 주택이미지를 만들었으며, 재개발의 관성으로부터 비껴난 곳에서는 누추하고 과밀한 단독주택지의 살풍경한 이미지를 만들어내는 동기가 되기도 한다.

1990년대 : 잠재된 욕망의 분출구, 과밀의 소음 도가니

1990년대는 초기에는 부동산 안정대책 등이 적극 실시되면서 각종 기준이 강화되는 등의 조치가 계속되었지만 전반적으로는 아파트단지의 고밀화, 초고층화가 급속히 심화된 시기였다고 할 수 있다. 1980년대 중반 이후 가속된 불량주택 재개발은 더욱 확대되었고, 1993년 이후에는 노후 아파트 재건축 허용기준이 완화되면서 재건축에 의한 아파트단지개발이 급속하게 확대되었다. 서울특별시의 경우, 1994년 7월을 기준으로 할 때 모두 237개의 재건축조합이 설립되어 재개발사업과 함께 아파트 개발사업의 주된 동력원이 되었다.

이에 따라 서울시의 경우에는 재건축사업에 의한 공급량이 전체 주택건설 사업량에서 차지하는 비율이 1993년에 12.2%, 1994년에 17.8%, 1995년에는 37.6%로 매년 크게 증가한 것에 비해 같은 기간 동안 재개발사업에 의한 주택건설량은 각각 43.7%, 37.7%, 31.7%로 전체 건설량에서 차지하는 비율이 상대적으로 줄어들고 있다. 이는 서울시 전체의 주택공급량에서 약 55~70% 정도를 재건축사업과 재개발사업이 담당하고 있다는 것을 의미하는 것이며, 1993년부터 1995년까지 재건축에 의한 아파트 건설이 대폭 증가하는 것에 비해 상대적으로 재개발에 의한 주택공급량은 점점 감소하고 있음을 나타내는 것이기도 하다.

따라서 1990년대 중반까지는 재건축이 상대적으로 아파트 공급의 주된 수단으로 자리하였던 시기였다. 재건축의 보편화는 우선 건설업체의 사업성이 전제되어야 하는 것으로, 택지비 절감을 위한 고밀화와 주택공급량 확대가 과제였던 정부는 한정된 택지에 주택건설량을 늘려야 한다는 압박 속에서 인동 거리 규제 완화 등의 고밀정책을 지원하게 되었다. 물론 1997년 말에는 외환위기 등으로 인해 주택건설사업이 위기를 맞이하게 되지만 이 시기는 전반적으로 재건축과 재개발에 의한 고밀개발의 가속화시기라 할 수 있다.

아귀다툼의 현장, 재건축아파트

조합과 건설사에 의한 아파트 재건축은 결국 주민의 기대 이익이 분출하는 욕망의 현장이라 할 수 있다. 공공의 개입이 거의 없다고 할 수 있는 아파트 재건축사업은 따라서 거주자들의 반목과 이해충돌을 야기하였고, 각종 폭력사태가 빚어지는 등 돈에 대한 욕망의 끝없는 분출구로서 자리하게 된다. 복거일의 소설에는 어린이의 눈에 비친 어른들의 이전투구가 잘 묘사되고 있다.

아빠, 저게 뭐야? 효민이의 목소리가 그를 상념에서 깨웠다. 녀석이 가리킨 건너편 아파트 옆 벽엔 긴 현수막이 세로로 걸려 있었다. 그 위에 짙푸른 글씨로 쓰여 있었다. '도장 한 번 잘못 찍고 평생 동안 후회한다.' 이어 조금 작은 검정 글씨로 '남서울 아파트 재건축 비상대책위원회'라고 쓰여 있었다. 아, 저거? 그는 씁쓸하게 입맛을 다셨다. 저건 말이다, 우리 아파트의 재건축에 대해서…… 효민아, 너도 알지, 우리 아파트를 헐고 새로 짓기로 한 거? 응. 25층짜리 새 아파트를 짓는다던데. 그래. '재건축 추진위원회'라고 우리 아파트를 그렇게 새로 짓는 일을 추진하는 단체가 있다. 얼마 전에 그 단체에 반대하는 사람들이 나서서 다른 단체를 만들었다. 저 현수막은 그 단체에서 내걸었다. 그래요? 왜? 저 사람들 얘기는 '재건축 추진위원회'에서 아파트 주민들에게 내놓은 조건이 좋지 않다는 거다. 건설회사와 짜고서 그렇게 했다는 거다. 그렇게 조건이 나쁘니까, 동의서라는 서류에 도장을 찍지 말라는 얘기다. 녀석이 고개를 끄덕이면서 현수막을 가늠하는 눈길로 바라보았다.[31]

아파트 재건축을 통해 이미 효민이라 불리는 어린아이도 아파트란 곧 돈을 좇는 욕망과 다름 아니라는 점을 인식하고 있는 것이다.

과밀의 소음 도가니, 초고층 초고밀 아파트

과밀이란 곧 용적률의 증대를 의미하는 것이며 일정한 공간을 이용하는 사람들의 활동밀도 증가를 의미하는 것이다. 따라서 과밀은 궁극적으로 익명성의 강화를 수반하는 동시에 거대 구조물의 등장을 전제하는 것이다. 활동인구의 급증과 익명성의 강화 그리고 고밀화 조건을 수용하기 위한 거대구조물은 아파트에 대한 새로운 이미지를 등장시킨다.

그 가운데 가장 빈번하게 등장하는 이미지는 아파트가 곧 소음의 도가니라는 것이다. 공선옥의 소설 「한데서 울다」는 이를 직설적으로 표현하고 있다.

아파트는 온통 소음의 도가니였다. 남편은, 좀 시끄러우면 어때, 라고 말했다. 집 없는 것보다 낫지, 라고도 했다. 처음에는 남편의 말에 수긍을 하기도 했다. 하지만 날이 갈수록 그것이 아니었다. 견딜 수 없이 화가 끓어오르기도 했다. 내가 이런 '집구석'을 마련하려고 그 고생을 했던가, 싶어서 눈물이 핑 돌기도 했다. (중략) 사람이 정말, 이런 데서 살아야 하다니, 누가 살라고 한 것도 아닌데, 자기 부부가 선택해서 들어온 아파튼데 정희는 마치 누군가에게 등을 떠밀려서 할 수 없이 그 집에서 살아야만 하는 것처럼, 실체도 없는 그 '누군가'가 견딜 수 없이 야속스러웠다. 그러니까 정희의 '집 보러 다니기'의 대장정은 정작 '내 집 장만'을 한 연후부터 시작되었다. 남편이 출근을 하고 큰 아이들이 학교를 가고 시어머니가 노인정에 나가고 나면 정희는 부리나케 이제 겨우 돌쟁이 막내를 놀이방에 맡긴 뒤 마치 도둑질을 하러 나가는 것처럼 소음 가득한 아파트를 빠져나왔다. 서러움이 그녀를 그렇게 하게 했다.[32]

이와 함께 우리가 도시의 일상적인 환경에 얼마나 길들여져 있는가를 탐색하고 있는 김현영의 소설에서도 소음은 아파트의 중요한 상징이자 이미지로 등장한다.

쉴 새 없이 이면도로를 왕래하던 자동차들의 엔진소리,

경적 소리, 트럭을 몰고 다니는 현대판 보부상들의 호객소리, 엘리베이터가 상승하고 하강할 때마다 들리던 굉음, 육중한 철문을 여닫는 소리, 전시상황에서의 경보처럼 갑작스럽고도 잦았던 아파트 관리사무소의 공지 방송, 시도 때도 없이 울리는 초인종, 아파트 내부에 복잡하게 얽혀있는 여러 가지 파이프를 타고 잠입했던 소음들─변기 물 내리는 소리, 렌지 후드가 작동하는 소리, 수돗물 트는 소리 등등─말기암 환자처럼 고통스럽게 끅끅거리던 오래된 냉장고의 작동음, 전화벨, 형광등 수은이 타는 소리.[33]

이들 작품에서는 과밀의 아파트 스스로가 만들어내는 소음이나 혹은 외부의 소음이 견딜 수 없는 공포의 대상이거나 아니면 말기의 암 환자가 고통스럽게 내뿜는 신음으로 여겨질 만큼 고통스러운 것으로 묘사되고 있으며, 이는 한 해 동안 발생하는 공동주택에서의 이웃 간 분쟁에서 소음발생에 따른 불편의 호소가 단연 수위를 차지한다는 점에서도 쉽게 수긍이 가는 대목이다.

양회 궤짝, 침묵의 조형물 그리고 발기한 난수표

과거에는 '토끼장' 혹은 '성냥갑' 등으로 단순하게 묘사되었던 아파트가 보다 중첩된 의미체로 묘사되는 것 또한 고밀화와 초고층화가 빚은 익명성의 확대와 거대구조물의 생성으로부터 연유하는 것이라 할 수 있다. 예를 들어, 이경자의 소설 『그 매듭은 누가 풀까』에서는 아파트가 '거대한 침묵의 조형물'로 묘사되고 있으며, 서정인의 소설 『모구실』에서는 '양회 궤짝'이라는 표현이 등장하기도 한다. 1970년대에 무작정 상경한 노인에게는 '공장일까, 학교일까 그것도 아니면 창고일까'하는 의아스러움을 불러일으켰던 아파트가 어느덧 누구나 알고 있으되 그 의미가 긍정적이지만은 않은 거대한 침묵의 조형물이 되었거나, 그도 아니면 '잔뜩 발기한 것처럼 여기저기 솟아있는 아파트 덩어리는 다시 거대한 난수표가 된다'거나 혹은 '직각과 직선의 세계'[34]라는 등의 표현을 통해 욕망의 응어리이자 익명의 상징, 나아가 거대한 주검 등을 연상시키는 대상으로 아파트가 자리하고 있는 것이다.

상품으로서의 아파트를 넘어

주택은 상품적 가치로서만 존재하는가?

임대차보호법에 따른 2년간의 전세기간이 끝나는 데다 여러모로 이사하기에 수월한 계절이 닥치기만 하면 아파트 전세금이 강세를 보인다고 걱정하는 사람들이 많아진다. 전세금이 높아지면 약간의 돈을 보태 아예 아파트를 구입하겠다는 실수요자들도 많아져 전세금 상승을 부추기고 있다고도 한다. 아이들 진학에 혼인과 같은 집 안팎의 대소사가 겹치게 되는 봄철이면 돈 들어갈 일이 훨씬 많아져 걱정이 앞서는 서민의 편에서 보면 이런 일들이 매년 닥치는 봄맞이 고민이기는 하나마땅한 해결책도 없어 큰 걱정거리가 아닐 수 없다. 한 해 걸이로 바뀌는 건설교통부 장관은 신문과의 인터뷰에 나서면 어김없이 임대주택의 확대공급으로 전세금을 안정시켜 서민들의 주름살을 펴게 할 것이라고 호언을 한다. 아울러 전세차액을 대출해주는 금융제도를 확대 실시할 것이라는 말을 입에 달고 산다.

그런데 이렇게 없어 고민하는 서민들의 걱정과는 달리 방송, 신문, 잡지에서부터 동네 길목마다 어디든 널브러져 있는 각종 정보지들은 하나같이 투자만을 부추기고 있으니 무언가 잘못되어도 크게 잘못된 것이 아닌가 할 때가 한두 번이 아니다. 소형아파트의 희소성이 커지니 이제는 투자전략을 새롭게 하여 중소형아파트에 주목하라느니, 수익률을 낮게 잡고 대도시의 옐로 칩 지역을 노려야 한다느니 하는 등의 돈놀이 전략과 유의사항 제안이 마치 사고 되팔기를 반복하는 증권시장을 방불케 한다. 나아가 대형아파트는 환금성이 낮고 투자위험도가 높으니 소형아파트에 분산 투자하는 것이 바람직하다는 권고까지 난무하니 이제 주택은 투자상품이나 매매차익을 노리는 증권상품, 아니면 투기성 펀드자금처럼 취급되는 것이 당연하게 받아들여지는 모양이다.

작금의 상황이 이러니, 삶의 터전이요 문화의 바탕인 동시에 가족의 가치와 이웃과의 공동체를 실현하는 공간으로서의 집이 곧 주택이라는 지고의 정의는 이제 빛바랜 교과서에서나 찾아볼 수 있는 흘러간 노랫가락이 되어 버리고 말았다. 주택 분야의 전문가도 언제부터는 무슨무슨 컨설팅 대표 내지는 경제연구소 종사자들로 채워진 지 오래다. 한 가족을 위해 어떤 공간을 구상할 것인가는 제품기획이나 상품기획이라는 말로 대체되었으며, 안식처로서의 집을 구해 들어갈 사람들은 본의 아니게 소비자로 치부되고 건설업체의 분양실적을 높인 사람들에게는 판매왕이라는 칭호가 붙어 다닌다. 마치 구두나 옷 혹은 학용품과 같은 종류의 물건처럼 집이 취급되고 상품으로서의 의미만이 더욱 강조되고 있다.

주택, 아니 집은 이렇듯 상품적인 가치로서만 존재하는가. 물론 다른 재화와 마찬가지로 일정한 양의 돈으로 거래되고 교환되는 까닭에 상품적 속성이 전혀 없다고는 할 수 없다. 그러나 삶의 공간이요 가족의 가치를 소중히 하는 가치체로서 주택을 생각해본다면, 상품적인 속성만을 강조하는 인식은 당연히 비난받아 마땅할 뿐만 아니라 왜곡되었음이 분명하다. 주택에 대한 태도와 생각이 이같이 단순 시장지향적인 편향에서 벗어나지 못한다면 그 안에서 삶을 영위하는 우리 모두는 개성 없는 패션과 유행의 노예들로 전락해버리고 말 것이다. 도시형주택의 전형이 되어버린 초고층아파트는 과연 우리의 다음 세대들에게 물려주어야 할 바람직한 주택인가, 부모를 봉양하면서 자식을 잘 양육할 수 있는 아파트가 되려면 지금의 공간이 어떻게 달라져야 할까, 날로 서먹해지는 이웃들과의 교류를 늘리고 따사로움을 확인하며 정겹게 살아가기 위해서는 무엇이 더 필요할까, 온전한 사회구조를 만들기 위해 더불어 살아가야 할 사회적인 약자를 위해서는 어떤 시설과 공간이 구비되어야 할까 하는 등의 고민과 성찰이 없다면 온전한 사회구성원으로서 살아갈 기회를 상실하고 말 것이다.

더불어 살아야 할 이웃과의 허세경쟁 속에 주기가 점점 짧아지는 중대형아파트에서의 가구와 설비 바꾸기. 재건축을 통한 평수 늘리기를 위해 15년쯤이 지난 아파트에 대해서는 그 안에 살아가는 사람들은 도외시한 채 구조적으로 안전하지 못하다는 조사결과만을 기대하는 소유자들. 집값이 떨어진다는 이유로 찬거리를 만들어 파는 길가의 할머니들이 내몰리고 이미 정해진 도시계획시설이 집단민원에 의해 주춤거리는 공권력의 약화. 사회적 약자를 위한 시설공간이 자리를 찾지 못하고 헤매는 이성과의 모순. 이 모든 현상의 발생은 주택을 상품적인 가치로서만 보아 왔기 때문이며, 경제활동의 활성화나 부양을 위한 대증적(對症的) 처방책으로서만 주택을 보아온 까닭이다. 이제라도 늦지 않았다. 시장이 중시되는 자본주의 사회라 하더라고 주택이 갖는 상품적 가치와 더불어 그것이 지닌 공익적 차원에서의 의미를 잃지 말아야 한다. 주택이 갖는 공익성과 주택에 대한 공적 개입의 중요성이 여기에 있는 것이며, 갈기갈기 찢긴 계층 간의 통합실현을 위해서도 주택부문의 공적 역할과 기능은 아무리 강조해도 지나침이 없다.

나홀로 아파트, 논두렁아파트, 병풍아파트

서울시내 주거지역에서는 현기증이 날 정도로 높은 단독형 초고층아파트 건축이 제한된다고 한다. 오밀조밀하게 모여 고 즈넉한 분위기를 자아내던 단독주택지역에 하루가 멀다 하고 무차별적으로 솟아오르는 '나홀로 아파트'에 대해 서울시가 나서서 제동을 걸겠다는 것이다. 뒤늦은 감이 없진 않으나 이미 늦었다고 생각했을 때가 오히려 가장 빠른 때라는 것이 우리네 생활의 철학이니, 어쩌면 이른 시간 안에 살맛나는 도시로 서울이 복원될지 모른다는 희망을 가져본다. 전국에 있는 총 주택수의 절반이 아파트이고, 매년 새로 지어지는 주택의 80%가 아파트라는 사실을 떠올리며 서울시에서 밝힌 주거지역의 '나홀로 아파트'에 대한 합리적인 규제와 더불어 하루빨리 '논두렁아파트'와 '병풍아파트'에 대한 적절한 지혜도 함께 모아야 할 것이다.

물량확보를 최우선으로 하는 관행적이고 타성적인 주택정책 기조와 건설업체의 수익추구 논리가 결합되며 공익을 위한 건축규제의 상당부분이 선거철이나 정권의 이완기가 되면 슬그머니 완화되곤 하던 기억을 새삼 떠올리면서 경작지로 사용되던 논밭에 볼썽사나운 아파트가 덩그머니 들어서서 만들어내는 '논두렁아파트' 내지는 '밭두렁아파트'에 대해서도 무언가 대책이 있어야겠다는 생각을 함께 가져본다. 지방 세수(稅收)의 증대와 지역발전을 꾀한다는 명목으로 무분별하게 이루어지는 마구잡이식 아파트개발은 농어촌지역에 도시형 아파트의 무조건적 수용을 강요해 왔고, 생활의 양식이나 조건이 전혀 다른 장소에 도시적 생활문화의 이식을 촉진시켜 결국은 지역적 조건에 근거하는 토착적 주택형의 개발과 보급을 억제해왔다. 아무런 저항이나 반감 없이 그런 과정을 용인한 뒤에 비로소 우리나라에는 지역적 특성을 고려한 주택형이 없다느니 혹은 도농 간에 차별적인 경관이 형성되지 못했다느니 하면서 사후약방문에 그치는 불평과 불만을 일삼아왔던 것이 아닐까 하는 자괴감도 가져본다.

'병풍아파트'는 또 어떤가. 도시민의 숨통인 산이나 강을 막아서서 시민들의 공유자산인 자연경관을 즐길 수 없도록 장막을 드리우고 있을 뿐만 아니라, 숲이나 물과 같은 자연요소와의 교감을 위해 다가갈 수 있는 통로조차도 아파트라고 불리는 거대한 콘크리트 덩어리와 자동차 이동을 위한 전용도로가 나란히 줄서서 막아서고 있다. 그럼으로써 어느 도시를 막론하고 도시의 산과 강은 산은 산이고 강은 강이되 진정 산이 아니고 강이 아닌, 그래서 무미건조한 도시생활을 더욱 권태롭게 만들고 있는 지경에 이르고 있다.

'나홀로 아파트'와 '논두렁아파트' 그리고 '병풍아파트'에 공통점이 있다면 그것은 공유재산에 대한 사유화이자 매우 제한적인 집단의 철저한 독점이며, 주변지역에 대한 폭력일 것이다. '나홀로 아파트'가 단독주택 밀집지역에서의 도시기반시설을 철저하게 독점하면서 주변의 단독주택 거주자들에게 낭패감을 주고 지역경관에 부조화의 원인을 제공하는 가학의 주체가 된다면 '논두렁아파트'는 지역적 특성에 맞는 계획적인 농촌지역개발을 저해하는 주된 요인으로서 농촌지역으로의 비경제적인 도시확산이라는 부작용과 더불어 지역의 경관 황폐화와 경작기반의 와해를 부추긴다. 공익에 대한 사익의 침탈인 것이다. 또한 '병풍아파트'는 모든 시민이 함께 향유할 수변경관을 사유화하고 독점함으로써 강변을 거대한 아파트의 띠로 만들고 있으며, 자연과 더불어 풍요로울 수 있는 도시적 삶의 무한한 가능성을 원천적으로 봉쇄하는 부작용을 낳고 있다. 도시의 수변공간은 그 강을 끼고 있는 도시 전체의 활력을 담보할 수 있는 중요한 공유공간임에도 불구하고 개발의 대상으로만 인식하는 무감각이 우리 모두에게 만연되어 있음과 다름 아니다. 우리의 다음 세대들에게 지금과 같은 아파트를 그대로 물려줄 수는 없지 않은가?

초고층 아파트로 나아가는 양적 개발에의 유혹

2000년에 새로 지어진 주택 가운데 아파트가 차지하는 비중이 85%를 넘는 것으로 조사되었다. 새로 지은 주택 32만 6,249가구 가운데 26만 2,879가구가 아파트였다는 것이다. 1996년의 78.1%, 1997년의 81.3%, 1998년의 85.9%에 이어 1999년에는 85.3%를 기록하며 한국인들에게 가장 보편적인 주택유형으로 아파트가 자리하고 있음을 입증하게 된 것이다. 반면에 같은 공동주택에 속하는 연립주택은 1995년에 전체 신축주택의 2.8%를 기록한 이래로 점점 낮아져 1999년에는 가장 낮은 비율인 1.9%, 7,640가구에 그쳤을 뿐이다. 주택유형의 일극편중(一極偏重) 현상이 심화되고 있는 것이다. 단독주택이 8.2%이고 다세대주택이 4.4%에 그치고 말았으니 편중 현상도 그 정도가 아주 심한 편에 속한다. 특히 연립주택과 아파트의 구분을 층수로 한다는 점에서, 1995년 이후 연립주택 건설이 계속 감소하고 아파트의 비중이 점점 높아졌다는 사실은 결국 좁은 땅에 층수를 높이는 방법을 통해 주택공급을 확대했다는 점을 시사한다. 주택보급율의 확대라는 정책적 목표와 가용택지의 부족이라는 한계가 서로 맞부딪치며 만들어낸 결과이다. 고밀도의 초고층 아파트가 그 부산물인 셈이다.

우리나라의 주택산업은 건설업의 60% 정도를 차지하고 있으며, 국내총생산(GDP, Gross Domestic Product)의 7.2% 정도를 점하고 있다. 그러니 경제장관회의에 건설교통부 장관은 당연직 참석자가 된다. 한국경제의 부침에 있어 주택산업의 활성화와 침체는 중요한 변수로 작용하는 것이다. 고도의 경제성장을 이루며 가공할 투기가 이루어졌던 1978년의 투기억제 대책이나 그 후에 빚어진 급속한 경기냉각을 극복하기 위한 1980년의 주택경기 활성화 조치, 1988년의 부동산 투기재연과 정부의 200만 호 건설계획 추진 등도 가수요(假需要)에 의한 투기 억제와 침체된 경기의 회복을 위한 처방으로 이해할 수 있으며, 이처럼 냉온탕을 반복하는 상황은 지난 40년간 반복되어 왔다. 1997년의 외환위기 사태 이후 그동안 철저히 막아왔던 분양권 전매가 허용되었다거나 임대주택업자의 등록조건이 완화된 점 역시 같은 맥락에서 풀이된다. 이렇게 하여 오늘의 우리 경제는 초고층아파트가 떠받치고 있는 상황이 된 것이며 결국 주거환경의 생산이 환경의 질보다 양적 개발 효율에 치우치는 관행을 만들어낸 것이다.

이러한 관행의 연원은 민간 의존적인 주택건설 정책에서 찾을 수 있다. '주택건설은 민간주도형으로 하고 정부는 이를 지원한다'는 정책목표가 1960년대 후반에 공식화되면서 우리의 주택정책은 민간 의존적이며 시중자금 의존적인 형태를 취할 수밖에 없었고, 그 후 40년 가까운 기간 동안 주택부문은 우리 경제의 침체와 부양에서 중요한 영역으로 취급되었고 상당한 역할을 해내며 그 자리를 지탱해 왔다. 그러나 주거공간이 생활양식을 규정한다는 사실에 동의한다면, 또 우리의 선대가 이루어온 경제성장의 과실로 우리의 소득과 소비수준이 향상되었다고 한다면 그 결과로 빚어진 고밀도와 초고층의 주거환경에서 개인적 차이 없이 규격화된 형태와 양식으로 살아가야 하는 것은 피할 수 없는 귀결이며, 비판 없이 받아들여야만 하는 삶의 전제조건인가를 되묻게 된다.

역사적으로 볼 때 고층아파트의 출현 이념은 '공원 속의 고층주택'(Tower in the Park)을 상정한 것이었다. 산업화와 공업화의 결과로 빚어진 도시공간의 비위생적인 환경으로부터 탈피하여 푸르른 녹색의 공원 속에 일조와 채광, 통풍의 조건을 만족시키는 건강한 삶의 보장을 위한 고안품인 것이다. 그러나 우리의 경우 연립주택이나 저층아파트에 비해 고층아파트가 옥외공간을 여유 있게 확보할 수 있다는 '공원 속의 고층주택'

이 본래의 이념이나 취지와는 달리 고층화와 고밀화의 방편으로만 사용됨으로써 주거환경의 질적 수준을 오히려 악화시키는 쪽으로 작동한 것은 아닐까 하는 의문을 가지게 된다.

우리 경제를 아직도 초고층아파트가 떠받쳐야 한다면 우리의 생활양식뿐만 아니라 다음 세대들에게도 건강한 삶의 터전을 보장할 수 없으며, 풍요로운 주거문화를 기대할 수 없게 될 것이다. 최근 전문가 집단에서 모색되고 있는 아파트를 대체하는 주택형 개발 논의와 오래된 주거지를 부수지 않고 새롭게 정비해서 다시 쓰는 방안에 대한 논의가 이런 점에서 흥미로울 뿐만 아니라 기대되는 것이다.

자동차 10년 타기와 아파트 아나바다 운동

지금은 다소 시들해졌다는 느낌을 주기는 하지만 몇 해 전만 하더라도 물자절약을 생활화하자는 취지에서 정부와 언론 그리고 각급 시민사회단체가 나서서 아나바다 운동이란 것을 대대적으로 전개한 바 있다. 우리 주변의 일상용품을 아껴서 쓰고, 내게 소용이 적어지면 그것을 필요로 하는 사람들에게 나눠주어 활용될 수 있도록 배려하고 또 서로에게 구실을 할 수 있는 물건들은 바꿔서 쓰고, 흠이 있는 것이라도 약간씩 손을 보아서 다시 한 번 더 쓰자는 운동이 곧 아나바다 운동이다. 나라 살림이 커지고 내 주머니 속사정이 아무리 좋아진다 하더라도 결코 백안시하여서는 아니 될 금과옥조와 같은 생활의 교훈이라 생각했던 그 운동이 외환위기 사태를 극복하고 경상수지가 흑자로 전환되었다는 소식과 함께 슬그머니 주변에서 사라져 여간 안타까운 노릇이 아니었다.

그런데 얼마 전 우리나라 사람들이 자동차를 바꾸는 주기가 외국의 25년 내지 30년에 비해 절반에도 훨씬 못 미친다는 점을 안타까워하는 사람들이 모여 자동차 10년 타기 시민운동을 전개한다는 소식을 접하며, 과거의 아나바다 운동이 자동차와 같은 구체적인 재화(財貨)를 대상으로 한다면 훨씬 설득력을 가지는 시민운동이 될 수 있으리라고 짐짓 생각해보았다. 특히 아파트를 아나바다 운동의 대상으로 한다면 수명이 다하지도 않은 집을 허물고 새롭게 짓는 자기중심적인 재건축이나 재개발 편의주의 관행을 어느 정도는 진정시켜 매년 발생하는 막대한 규모의 사회경제적 손실을 방지할 수 있을 뿐만 아니라 환경부하(環境負荷)도 현저하게 감소시킬 수 있으리라는 점에서 우리 모두가 합심하여 이끌어갈 만한 시민운동이 되지 않을까 생각해본다.

때늦은 감은 있으나 마침 정부에서는 지난 1993년 8월 국토이용관리법을 개정할 때 생겨난 준농림지의 무차별적인 아파트 건설을 억제하기 위해 준농림지를 폐지함과 아울러 국토이용관리법상의 용도지역과 도시계획법상의 용도지역을 묶어 일원화하고 지역별 개발허용 용적률의 범위도 축소하였다. 또 서울시는 개발주의자들의 반대에도 불구하고 도시계획 조례 제정을 통해 지역별 용적률을 상당히 낮추는 조치를 실시하였다. 이 같은 일련의 조치들을 개발 편의주의 관점에서 보는 이들은 "토지와 주택시장 전반에 커다란 파장을 일으켜 주택대란을 일으킬 것"이라고들 하지만 거시적인 관점에서 본다면 개발과 공급, 속도와 효율만을 강조하던 지난 시절의 잘못된 관행과 시각을 보정하는 계기로 작용할 것만은 분명하다. 또한 당연한 귀결이긴 하지만 이 같은 여건의 변화는 결국 재고주택의 유지관리 필요성 증대와 중고주택 시장의 활성화를 촉진하는 기제로 작용할 것이며 아파트 아나바다 운동의 토대가 될 수 있는 리폼이나 리모델링이 각광을 받을 것으로 전망된다.

사실 우리나라의 주택수명은 외국 여러 나라들과 비교할 때 턱없이 짧은 것으로 조사된 바 있다. 예를 들어, 주택보급률이 100%를 넘었다고 가정하고 신축주택은 수명이나 내구성이 다한 재고주택을 대체하는 것이라고 할 때 영국은 전체 재고주택을 모두 갱신하는 데 약 141년이 걸리고 미국은 103년, 프랑스는 86년, 독일과 일본은 각각 79년과 30년 정도가 필요하지만, 우리나라는 약 14.8년 정도로 일본의 1/2, 독일의 1/4정도에 불과한 형편이다. 이 같은 비교는 단순지표상의 비교로서 우리나라 주택의 내구성능이 상대적으로 취약하다는 것으로 이해될 수도 있으나 그보다는 재건축이나 재개발을 통한 설비개선이나 평수 늘리기의 관성과 이에 대한 사회적 동의가 커다란 동인이 되었다고 할 수 있다.

물론 하루아침에 아파트 아나바다 운동이 정착하리라고 단정할 수는 없다. 통계학적 숫자이긴 하지만 수도권에서는 여전히 주택이 부족한 상황이며, 아직도 인간으로서의 최저주거 기준에 미치지 못하는 주택이 도처에 널려있기 때문이다. 그러므로 현실에 대한 정확한 진단과 대안의 모색이라는 점에서 우선은 철저한 실태조사가 선행되어야 하고, 오래되고 비좁아 불편한 주택의 설비개선이나 규모의 확대에는 당연히 수혜자 측의 비용이 지불되어야 한다는 사회적 약속이 전제되어야 한다. 이 같은 현실인식과 암묵적 합의를 바탕으로 할 때 비로소 리폼이나 리모델링이 활발하게 이루어질 것이고, 논밭을 갈아 엎고 멀쩡한 야산을 도려내는 폭력적인 고밀고층아파트의 건설, 수명이 다하지 못한 멀쩡한 주택을 부수고 다시 짓는 기형적인 재건축과 재개발 관행도 제자리를 찾아갈 것이다. 그러나 이보다 더없이 중요한 것은 신규주택의 건설촉진에 비중을 두고 있는 주택정책의 골격을 재고주택의 성능향상과 유지관리로 전환하는 것이다.

자폐증과 우울증의 치유를 향하여

잠실 종합운동장과 아파트단지, 자폐적 단지의 개방

건강보험공단과 금융권의 노사갈등, 시화호 갯벌 생물의 폐사 문제 그리고 박찬호의 10승 달성 실패소식 등에 묻혀 언론의 각광을 받지는 못하였지만, 2000년 7월 5일에는 비록 작지만 큰 의미를 갖는 일이 서울에서 있었다. 지난 1980년대 말 전국을 떠들썩하게 만들었던 88서울올림픽을 치르기 위해 잠실벌판에 세워졌던 잠실 종합운동장의 외곽펜스가 철거된 것이다. 올림픽에 참가하는 선수들의 신변보호와 테러방지를 위해 둘러쳤던 흉물스런 철조망과 날카로운 철물들이 12년 만에 그 자취를 감추고 자그마치 3만 평에 이르는 오픈 스페이스와 녹지공간이 시민들에게 되돌아갔다. 텔레비전에 잠깐 비춘 어느 시민의 홍분된 모습과 초여름의 오후를 한가로이 거니는 어르신들의 느린 걸음을 보며 왜 이 생각을 일찍이 하지 못했을까 하는 때늦은 후회를 하기도 하였다.

서울시는 1999년 현재 전체 면적의 25.46%에 이르는 녹지공간을 보유하고 있다. 서울 전체 면적의 1/4 이상이 녹지공간이라고 한다면 총량적인 수치로서는 세계 어느 도시와 비교해 보아도 손색이 없을 정도이다. 녹지의 전체면적을 서울시의 상주인구수로 나누어 계산한 시민 1인당 공원면적이 14.49㎡나 되니 결코 적지 않은 녹지공간을 서울시민들은 보유하고 있는 셈이다.

문제는 이 같은 수치를 기록하고 있는 서울시 녹지의 80% 이상이 산림형태로 도시 외곽에 위치하고 있어 시민들이 일상적인 생활의 공간으로 가깝게 이용할 수 없다는 점이다. 그 결과 근린공원이나 어린이공원 등 집 가까이에서 쉽게 이용할 수 있는 1인당 녹지면적은 14.49㎡가 아니라 3.47㎡에 불과하다. 혼잡한 도시 서울의 숨통을 열어줄 수 있는 녹지의 총량은 그런대로 괜찮은 편이지만 질이 문제인 것이다. 이런 점에서 잠실 종합운동장의 펜스 철거는 작지만 큰일이며, 그 의미를 곱씹어보는 일은 매우 중요하다.

이제 잠실 종합운동장을 아파트단지로 바꾸어 생각해보자. 우리나라는 아파트 전체 부지면적의 15~30%를 녹지공간으로 확보하도록 강제로 규정하고 있다. 중대형아파트단지의 경우는 단지 전체면적의 30% 이상, 그리고 소형아파트 위주로 만들어진 단지는 최소 15% 이상의 녹지공간을 단지 안에 의무적으로 마련해야 한다. 우리나라의 아파트가 모두 500만 채 이상이므로 1,000세대가 모여 단지 하나를 이룬다고 가정하면 5,000여 개의 아파트단지가 전국에 흩어져 있다는 것이고, 그 단지마다 각각 15~30%의 녹지공간을 가지고 있는 셈이다.

그런데 실제상황은 어떤가. 거의 모든 단지가 외곽을 콘크리트 담장으로 둘러치거나 흉물스런 회색의 방음벽을 높이 세워놓았거나 혹은 붉은 벽돌을 겹겹이 쌓아 마치 망망대해의 섬처럼 고립되어 있다. 단지의 거주자가 아닌 경우는 어쩔 수 없다고 하더라도 심지어 그곳에 기거하는 주민도 제 집을 눈앞에 두고 단지 외곽을 빙 둘러서야 단지 안으로 들어올 수 있다. 학생들의 통학로 확보나 편리한 버스정류장 이용을 위해 담장 일부를 헐어 보행로라도 개설할라치면 단지 내 상가 입주자들의 강력한 반발에 부딪치곤 한다. 정해진 통로로 단지에 들어와 무질서한 간판과 아무렇게나 나뒹구는 배달용 오토바이들이 보행로를 차지하고 있는 단지 내 상가에 들러 물건을 사고 다시 정해진 루트와 경로를 따라 움직여야만 하는 로봇 같은 모습이 우리들의 자화상인 것이다.

아파트에 담장이 설치되기 시작한 것은 우리나라 최초의 단지식 아파트인 마포아파트가 만들어진 1962년부터이다. 이후 우리나라의 아파트는 당연히 담장을 두르는 것을 관행으로 여겨왔고, 아파트가 보편적인 주택형태로 자리하기 시작한

1980년대 이후에는 상가분양을 잘하기 위한 방편으로 입주자를 한 곳으로 모아야 한다는 사업자의 주장이 이러한 관행을 더욱 견고하게 하였다. 또한 주택공급 확대를 위한 대규모 택지개발이 이루어지면서 소형과 중형, 대형아파트단지가 인접하여 개발되고, 소득수준이 다른 주민들이 사이좋게 어울려 살기보다는 반목하는 현상이 심화되면서 서로가 서로를 경원시하는 풍조가 퍼졌다. 이는 곧 관리의 효율화를 위한다는 명분을 한층 강화시켰고, 아파트단지마다 스스로를 폐쇄하며 고립된 집단화를 통해 위안을 얻는 상황으로 변질된 것이다.

잠실 종합운동장 외곽의 흉물스럽던 펜스 제거가 녹지공간과 휴게공간을 시민들에게 되돌린 것이라면 아파트단지의 담장 제거는 삭막한 도시공간에 풍요로운 녹지공간을 확대하는 것은 물론 열린 도시, 바람직한 도시공동체 구현을 위한 첫걸음이 될 수 있다.

고령화 사회와 노인주택, 사회통합의 올바른 길

매년 7월 11일은 '세계 인구의 날'이다. 어느 해건 예외 없이 통계청에 의해 '세계 및 한국의 인구현황'이 발표되는데 우리나라도 이제는 고령화사회(Aging Society)를 지나 고령사회(Aged Society)에 진입하였다는 내용이 눈길을 끈다. 고령사회는 인구의 고령화가 비교적 높은 수준에서 상당 기간 동안 안정상태를 이루고 있음을 뜻하는 개념이다. 우리의 고령사회

진입상황을 우리보다 앞서 고령사회에 접어들었거나 이미 고령화율 14%를 넘겨 초고령사회에 이른 다른 나라의 경우와 비교해보면 짧은 기간 안에 우리 역시 초고령사회에 진입할 것으로 보인다. 우리 나라의 고령인구 증가비율은 다른 나라와 달리 급속하게 늘어나고 있기 때문이다.

고령사회 혹은 초고령사회를 맞으며 늘 논의되는 문제 중 하나는 고령인구에 대한 주거공간의 배려나 주택형 개발에 관한 것이다. 나라와 지역을 막론하고 노년층의 증가는 주택과 관련, 크게 두 가지의 특성적 경향을 가지는 것으로 알려져 있다. 하나는 이들 노령인구가 과거의 피부양자 입장과는 달리 경제활동을 지속할 뿐만 아니라 연금이나 보험 등 지속적으로 향상된 복지정책으로 생활력이 강화되어 여전히 생활의 주체적 성격을 띤다는 것이다. 다른 하나는 노인부부나 단신 노인 세대의 증가로 인하여 독립적인 개체적 거주양태가 확대된다는 점이다. 이 같은 점으로 주택시장에서는 흔히 노인을 새로운 주택수요 계층으로 받아들여 그들을 위한 주택형을 새롭게 개발, 보급해야 한다는 논리가 설득력을 갖게 된다.

특히 계속되는 고령화율의 증가, 노령인구의 경제적인 능력 확대, 자녀 세대와의 문화적 차이로 인한 갈등의 증가 등으로 노령인구를 위한 별도의 주택수요가 늘어갈 것이며 노령인구 층의 경제적, 신체적 능력과 문화적 배경, 독신여부 등에 따른 계층형성 등의 사항을 반영한 주택유형이 개발되어야 한다는 것이 이 같은 논리의 주된 내용이다.

이 같은 논리와 주장은 물론 설득력이 있다. 그러나 문제는 이 같은 현상 자체를 그대로 받아들이는 상황대응적 행동을 취하는 것이 과연 옳은 것이냐 하는 것이다. 어떤 사회든 그 사회를 구성하는 다양한 사람들이 더불어 살아야 한다는 점에서 보면 노령인구를 특수한 주택수요 계층으로 구분하는 것 자체가 너무 상업적인 것일 수도 있다. 오히려 주택과 노령인구의 증가를 결부지어본다면 노령인구의 신체특성을 고려하지 않은 공간계획과 설비, 인구의 노령특성과 성향을 이해하지 않고 만들어지는 아파트단지의 외부공간, 세대간 갈등의 완화를 위한 건축적 노력보다는 공간의 단순한 분리를 꾀하려는 정책입안자나 계획가 혹은 건축가의 작위 등 그동안의 과오와 경솔함에 대한 반성이 먼저 필요하다 하겠다.

노인형 주택의 개발과 보급을 위한 노력도 중요하지만 부모 세대를 자식 세대가 한 지붕 아래에서 봉양할 수 있는 3대 동거형 아파트에 대한 재검토와 정책적 지원, 그리고 노인뿐 아니라 모든 계층에게 편안함을 줄 수 있는 시설과 설비를 더욱 확대하고 세련되게 다듬어가는 것이 더욱 필요하다. 사회통합은 더불어 살 수 있는 공간으로부터 비롯되기 때문이다.

아파트 모델하우스에 의한 왜곡된 주택관의 치유

요즘 주택건설업체들은 실수요자들의 눈길을 모으는 방법을 찾는 데 혈안이 되어있다. IMF 직후 소위 주택경기가 바닥을 치고 있는 가운데 한두 업체가 완공 후 분양을 선언한 경우가 있기는 하지만 여전히 거의 대부분의 업체가 아파트가 만들어지기 전에 분양하는 소위 선분양(先分讓) 방식을 이용하는 우리나라의 경우, 그 방법은 모델하우스를 이용하는 경우가 대부분이다. 도예가를 초청해 도자기를 실제로 빚는 모의 행사를 모델하우스에서 하거나 의류 판촉행사를 아파트 분양과 같은 장소에서 한다든가 아니면 모델하우스의 한쪽 귀퉁이를 이용하여 어린이 탁아소를 운영한다든가 하는 경우는 보통이었고, 패션모델들을 초청해서 모델하우스 안에서 패션쇼를 열었다 하여 신문의 박스기사로 다루어지기도 하였다.

여의도 시범아파트는 서울시 최초의 단지형 고층아파트요, 우리나라 최초로 보차분리를 시도했던 아파트인 동시에 건설 당시에는 대형평형인 38, 46평형을 공급하여 아파트가 중산층용 주택으로 자리매김하게 된 동기가 되었던 곳으로 중앙난방과 도시가스 공급, 공동구 설치 등으로 인해 건설 당시(1970~1971) 최첨단 아파트로 불렸는데 국내에서 처음으로 모델하우스를 만들었다는 점에서도 많은 사람들에게 회자되고 있다. 당시 서울시는 여의도개발을 통해 시민아파트와 지하철 건설재원을 마련해야 하는 절박한 상황이어서 분양촉진이 다급한 과제였고 이를 해결하기 위한 방안으로 모델하우스가 건설되었다. 당시는 아직도 아파트가 보편적인 도시주택으로 자리하지 못했던 시절이었다는 점에서 지금 생각해보면 얼핏 이해가 가지 않는 것은 아니지만 이 아파트가 후일 강남개발의 모델이 되었다는 점과 당시 모델하우스가 그 후 아파트 분양에 있어 필수적인 조건으로 작용하였다는 점은 분명히 따져보아야 할 대목이 아닐 수 없다.

즉, 실제가 아닌 상황에서 주택의 실수요자들은 자신이 살아가야 할 환경에 대한 선택을 강요당할 수밖에 없었으며, 단위주택 내의 설비와 마감재 고급화를 통한 반복적인 학습효과에 따라 아파트가 이 땅에 들어온 지 반세기가 지났건만 우리는 여전히 공공공간과 외부공간의 질적인 열악함 속에서 삶을 영위하고 있는 것이다. 지어지지도 않은 상태의 아파트를 대상으로 공급면적을 기준으로 하는 분양가격 규제와 선분양제도의 여파로 실수요자들은 자신과 가족이 이웃과 더불어 살아야 할 외부공간에 대해서는 그 실상을 전혀 파악할 수없고, 그나마 외부환경과의 교감이 가능한 발코니는 서비스면적이라는 이름으로 마치 무상으로 주어지는 공간처럼 포장되었다. 나아가 발코니를 확장하여 방으로 쓰도록 하는 퇴행적 편법이 버젓이 법적으로 허용된 사실은 모델하우스에서 그 연원을 찾아볼 수도 있다. 결국 잘못된 대중적 주택관을 형성하는 데 모델하우스가 결정적인 영향을 미친 것이다.

그 결과 아파트 분양광고를 통해서는 단지 내의 녹지가 얼마의 비율을 차지하는지, 또 한 가족에게 평균적으로는 얼마만한 크기의 녹지공간이나 보행공간이 제공되는지를 전혀 알 수 없을 뿐만 아니라 어떤 공간에서 이웃과 정을 쌓아가야 할 것인지를 전혀 알 수 없다. 그저 업체의 브랜드 가치와 자신이 동원할 수 있는 돈의 규모 사이의 상관관계 해석에 따라서만 주택구입 여부를 판단할 뿐이며, 내장재와 주택을 사면 무료로 주는 첨단설비와 가전제품에만 관심이 있을 뿐이다.

모델하우스의 이런 악영향은 입주 시 '구경하는 집'으로 이어진다. 구경하는 집을 찾으면 각종 고급스런 커튼재료와 휘황찬란한 조명기구들, 기본적으로 주어진 설비와 기기를 뜯어내고 고급스런 것으로 대체된 각종 설비기기들과 번쩍이는 바닥재, 그리고 황금색으로 칠해진 욕실기기들이 전시되어 있다. 뿐만 아니다. 바깥에서 집 안으로 들어오기 위해 열어야 하는 각종 첨단 잠금장치와 감시설비들만이 입주예정자들의 눈길을 잡아맬 뿐이다. 외부공간이나 공용공간의 풍요로움을 위해 노력한 흔적은 찾아보기 어렵다. 고집스럽게도 내향적 호사공간과 자폐적 단지환경을 만들어갈 뿐이다.

모델하우스에서 패션쇼를 한다거나 도예가를 초청해 도자기를 굽거나 빚어보는 일은 물론 흥미로운 일이다. 패션이나 도예분야 혹은 음악 등의 예술영역에서는 전시장이나 공연장 이외의 장소에서 이루어지는 새로운 퍼포먼스의 형태로 이해할 수도 있을 것이다. 그러나 패션이나 도예 혹은 일단의 예술행위라도 그 기본이 되는 생활공간의 풍요로움이 전제되지 않는다면 한낱 치레에 불과할 것이다. 이런 점에서 모델하우스에서의 새로운 이벤트는 풍성하다는 느낌으로 다가오는 대신 얄팍한 상혼으로만 비춰질 뿐이다.

아파트 마을만들기, 공간환경의 개선을 향한 씨앗 뿌리기

최근 여러 시민단체들을 중심으로 활발하게 전개되고 있는 지역운동 가운데 하나가 소위 '마을학교'라고 불리는 주민운동이며, 특히 대단위 아파트단지를 중심으로 입주자와 부녀회원 그리고 동대표들을 중심으로 '마을 만들기'라고 불리는 지역환경 가꾸기 사례발표와 연사초청 강의 모임을 활발하게 전개하고 있다. 일컬어 '마을 만들기' 운동인 것이다. 문명발달의 가속화에 따라 생활과 활동의 요구양식이나 공간적 요구의 대립경향이 혼재되고 그 정도가 심화되면서 공동체 문화의 중요성이 부각되었기 때문에 모듬살이 문화운동의 싹이 대단위 아파트단지를 중심으로 '마을 만들기' 운동이라는 형태로 가닥을 잡은 것이라 할 수 있다.

그러나 다양한 시민단체나 사회단체 혹은 지역중심의 문화단체나 일부 언론기관이 주도하는 각종 마을학교나 주민학교의 '마을 만들기' 활동유형을 보면 관리비에 얽힌 비리 척결과 같은 아파트단지 내의 문제로부터 삶의 방식을 새롭게 해보자는 낭만적 생태주의에 대한 실험 혹은 단순히 집값 올리기를 위한 전시성 행사에 이르기까지 그 실천이념이 서로 뿌리를 달리하거나 해석의 폭이 넓어서, 자칫 목표하는 바가 불명확해지는 결과를 가져오지는 않을까 근심되는 구석이 적지 않다. 아파트 관리비에 얽힌 비리 발생원의 확인과 소송, 통행료 거부, 재건축을 둘러싼 아파트단지 내의 여론주도권 확보를 위한 일부 집단의 몸불리기와 싸움, 다수를 포용하지 아니하는 배타적인 집단의 형성 등 아파트단지마다의 특정한 문제에 대한 대중적 문제처방 운동에서부터 도시생활의 회한을 전원생활의 그리움이나 전통적인 농경사회의 공동체 정신의 추구로 이어가려는 귀농운동이나 느리게 사는 방식에 대한 정신세계의 강조 등에 이르는 다양한 궤적을 그리고 있는 것이 우리의 현실이다. 또한 일부 주거환경개선사업지구에서는 임대아파트 입주예정자들이 가이주(假移住) 단지에 공동생활공간을 조성하고 생산협동조합이나 신용협동조합을 구성하고 지역화폐를 사용하는 공동체운동을 전개하고 있거나 혹은 환경운동이나 대안학교 운동 또는 문화게릴라 활동을 통해 범세계적인 자유주의적 흐름에 기반하는 대안문화운동을 아파트단지를 중심으로 벌이기도 한다.

이에 따라 대부분의 '마을 만들기' 운동은 전폭적인 주민참여가 전제되지 못하는 일부 전문가 주도의 기획행사로 의미가 축소되거나 아파트 관리 전문업체의 마케팅 전략의 방편이 되어 전폭적인 주민참여와 연대의 공동체 공간구성 활동보다는 여전히 조직화나 돈의 문제에만 주목하는 불균형적 마을만들기 운동으로 활동의 범주가 제한될 개연성이 적지 않은 것이다. 이와 함께 여전히 계층간, 소득간, 지역간 갈등구조 속에서의 개별 시민사회단체의 자기정체성 강화운동이나 연구소 간판을 내건 정치신인들의 얼굴알리기 운동으로 편향될 소지 또한 적지 않다. 이 같은 상황의 전개로 인해 대부분의 마을 만들기 운동에 대해서는 그것이 여전히 비가시적인 측면에 대한 편향적인 이념을 추구한다는 점, 그리고 전문가집단이 소극적으로 참여하는 양상을 띤다는 점 등에서 염려스럽다.

'마을 만들기' 운동이 참여가 확대되는 건강한 사회 문화운동으로 자리하지 못한 이면에는 아직은 성숙하지 못한 우리의 시민사회 의식이 자리하고 있음이 분명하다. 그러나 해결해야 할 과제를 누구나 공감할 수 있는 공간환경의 개선 문제로 정리한다면 보다 폭넓은 주민참여를 이루어낼 수 있을 것으로 보인다. 공간환경의 문제는 계층과 지역, 세대와 소득의 차이를 불문하고 모두에게 중요한 생활의 기반일 뿐만 아니라 삶의 질과 직결되는 최대공약수이기 때문이다.

'마을만들기'가 좁은 의미에서 '지역에 있어서의 해결해야 할 난제를 주민들의 합의에 의해 성취하고 노력하는 과정'이라고 전제한다면 이제 다음의 질문에 대한 대답을 얻어가야 할 것이다. '마을만들기' 운동을 진정한 아파트 문화운동으로 발전시키기 위해 과연 우리는 어느 지역에서 어떤 공간환경 문제를 발견할 것인가? 또 그렇게 발견한 과제가 진정 그 지역에서 가장 시급하게 다루어야 할 과제인가? 이 과제는 어떤 조직과 체제를 통해 풀어갈 것이며, 누구와 상대하며 무엇을 이룰 것인가. 주민들은 어떻게 참여할 수 있으며, 어떤 방법이 가장 효과적으로 문제를 해결할 수 있는 것인가? 주민합의는 어떤 방법으로 획득할 것이며, 여론형성은 또 어찌할 것인가? 그리고 우리가 딛고 있는 이 현실과 어떻게 합의와 타협을 할 것인가 등등을 먼저 물어야 할 것이다.

아파트단지의 공용공간, 나눔의 터, 공유의 마당

이제 우리들의 일상공간이 되어버린 아파트단지에서 이웃과 함께 쓰고 간수해야 할 공용공간은 한두 군데가 아니다. 아침저녁 선선한 때를 틈타 유모차를 살살 끌고 당기며 같은 층의 이웃과 정담을 나눌 수 있는 복도공간, 둔탁한 철문을 열어놓은 채 가벼운 차림으로 이웃과 인사를 나눌 수 있는 승강기홀, 우리 아이와 이웃의 아이들이 한데 엉겨 모래바람을 날리며 노는 놀이터와 롤러 블레이드나 인라인 스케이트를 타고 씽씽 달리는 한낮의 주차장, 나이 드신 어르신들이 모여 졸음을 쫓는 노인정이나 녹음 깊은 휴식 공간, 그리고 밤늦은 남편의 귀가를 기다리며 서성이는 경비사무실 앞의 옹색하지만 정겨운 공간. 이 모든 장소는 아파트에 살며 어렴풋한 행복과 소리 없는 웃음을 만들어내는 작지만 큰 공간이다. 이런 공용공간은 내가 아닌 다른 사람들과 함께 만나며 정을 나누고 서로를 이해하기 위한 나눔의 터, 공유의 마당인 셈이다.

우리나라의 독특한 주택공급 시스템인 선분양 방식이 빚어낸 왜곡된 현상이긴 하지만 아파트의 최초 구입행위처럼 이상한 것도 없다. 속옷 한 가지를 사면서도 소재며 박음질이며 디자인을 꼼꼼하게 따지고 마음에 들지 않으면 다시 바꾸러 나가는 것이 통상적인 구매행위이지만 새로 지어질 아파트를 분양받으려고 할 때에는 이상하게도 평소와는 다른 행동을 보인다. 월급을 쪼개어 다달이 청약저축을 하거나 아니면 뭉칫돈을 한꺼번에 은행에 맡기고 나서 2~3년 뒤에 지어질 진짜 살림집과 비슷하게 만든 가짜의 모델하우스를 잠깐 둘러보고는 (심지어 아예 견본주택을 보지 않는 경우도 있지만) 바로 청약신청이라는 것을 하게 된다. 가짜 집을 보고 실제 살아갈 집과 동네를 선택하는 꼴이다. 아이들이 뛰놀 놀이터, 잠깐씩이기는 하지만 여유로움을 즐길 수 있는 녹지공간이나 보행공간, 새로 사귈 이웃과 정담을 나눌 복도나 승강기 홀 등은 손바닥 반쪽에도 미치지 못하는 평면도나 유리상자에 전시되어 있는 모형을 통해 대충 훑어보고는 발 디딜 틈조차 없는 쇼룸에 들어서면 번쩍이는 실내장식과 고급마감재에 현혹되기 일쑤이다. 향수가 뿌려진 욕실, 몇 벌 되지도 않는 옷가지들이 말끔하게 정돈된 수납장, 고급 외제로 들여놓는 침대며 식탁, 유명한 작가의 모사품이 덩그러니 걸린 거실의 안락한 소파. 이 순간만큼은 자신이 살고 있는 진짜 살림집이 떠오르지 않는다. 당연히 새로운 이웃들과 함께 보듬어 가꾸어야 할 공용공간은 생각할 겨를조차 없다. 나와 우리 가족만이 오롯하게 쓰게 될 방의 장식이며 마감재, 전용면적에만 신경을 쓸 뿐이다.

이런 순진한 사람들의 심리를 꿰뚫는 업체들은 실내마감재의 고급화와 보기에는 그럴싸하나 작동하기엔 버거운 첨단장비의 우월성과 편리성에만 열을 올리니 공용공간은 늘 뒷전이다. 이렇듯 전용공간에만 눈먼 우리들의 행태와 업체의 부추

김 때문에 아파트의 옥외공간은 1970~1980년대에 지어진 아파트단지에 비해 거의 절반으로 줄어들어버렸다니 어처구니가 없다.

흔히 소외니 이웃과의 교류단절이니 하는 말들을 우리는 도처에서 듣고 있다. 그리고 그 이유를 바쁜 현대 도시생활에서 찾는다. 하지만 바쁜 도시생활 때문에 이웃과 정을 나누지 못한다는 것이 정녕 진정한 이유가 될까. 승강기 홀에 마련된 작은 벤치, 경비실 앞 나무그늘에 오롯하게 자리한 안락의자, 단지 내 외부공간을 적절히 꾸며 만든 마을 마당, 잘 가꾸어진 단지의 꽃길, 한 집에 한 그루씩 내다 심고 아이들과 함께 가꾸어 가는 아파트의 과수원과 텃밭. 이런 공간과 장소를 아파트단지에 마련하고 보살펴간다면 소외나 단절도 어느 정도는 극복할 수 있는, 그리 어려운 문제는 아닐 듯싶다. 아파트 주민 모두가 나서 구석구석의 공용공간을 찾아 가꾸고 의미를 나누는 일은 단조롭고 황폐하기만 한 도시생활과 아파트 생활을 풍요롭고 살맛나게 하는, 작지만 큰 공간을 꾸미는 일이다. 돈이나 전용면적으로 환산되는 물건이 아니라 살림집이며 생활공간으로서의 아파트와 단지의 이곳저곳을 소담스럽게 가꾸자는 생각은 과연 요즘의 도시생활에는 잘 들어맞지 않는 거추장스러운 고집인가. 새로 지어지는 주택의 80% 이상이 아파트라고 하니 이제는 아파트단지를 일상의 공간이나 생활의 터전으로 껴안지 않을 수 없는 상황에 이른 것이다. 그러니 어쩌겠는가. 싫더라도 나무라고 질책하는 대상으로서 아파트와 단지를 볼 것이 아니라 바람직스러운 생활공간으로 꾸며가고자 하는 애정 어린 태도가 더욱 필요한 때이고, 이를 위해서라도 나 아닌 다른 이들과 함께 아파트단지의 공용공간을 풍요롭게 살찌우는 것이 보다 적극적이고 현명한 생각이 아닐까 싶다. 공용공간의 풍요로움은 곧 마음의 빗장을 여는 촉매가 되며 나 아닌 다른 사람들과 나눔의 공간을 함께 꾸미는 촉매제가 되는 것이다.

익명의 환경과 개성적인 주거문화, 밖으로 드러내는 도시의 삶

아파트를 색으로 비유한다면 회색일 것이고, 모양으로 견주어본다면 성냥갑을 떠올릴 것이다. 이런 환경 속에서 나만의 집, 개성적인 주거공간이란 오로지 숫자로만 기억되고 인식될 뿐이다. 익명의 도시, 익명의 주거환경인 셈이다. "발코니에 노란 해바라기가 있는 집이 우리 집이야!"라든가 아니면 "4층 복도 오른편의 빨간 대문이 바로 우리 집이야!"라고 하는 것이 '○○동 ×××호'라는 것보다야 훨씬 정감 있고 부드러워 보이지 않을까. 이를 위해서는 꼭꼭 닫힌 발코니를 녹색의 공간으로 만들어 열고 회색의 육중한 현관문을 밝고 예쁘게 다시 꾸며야 한다. 또 여러 이웃이 함께 사용하는 아파트의 복도와 마당을 꽃길과 꽃밭으로 가꾸어야 한다.

새시를 설치해 꼭꼭 닫아 건 다음 나만의 전용공간으로만 쓰던 발코니 공간을 나와 우리가족들의 꽃밭으로 가꾸고 밖으로 활짝 열어 꽃담과 꽃벽이 되도록 하자. 우리 꽃과 들풀이 무성한 가운데 옹기종기 앉아있는 항아리며 옹기를 생각해보자. 아파트단지를 거닐며 발코니를 타고 오르는 덩굴식물 속에 고개를 내민 우리 꽃과 작은 사랑을 나누자. 이렇게 발코니 공간을 아름다운 자연으로 가꾸고 열어 놓는다면 회색의 도시, 무감각한 주거환경을 생기 있는 일상공간으로 바꿀 수 있다. 열린 마음은 이런 개별적 행위에서 비롯되는 것이며, 내 것을 밖으로 드러낸다는 뜻에서 공동체 구현의 전제조건이다.

발코니를 개성 있는 공간으로 가꾸었다면 이제 문패달기 운동을 시작하자. 이와 더불어 아이들과 함께 페인트를 섞어 예쁜 색의 현관문을 만들자. 개성적인 현관을 꾸미자. 우리의 정서상 문패는 곧 가족을 의미하였고, 함께 어울려 사는 뭇 사람들 속에서 나의 정체성을 드러내는 일이었다. 그래서 문패를 달았다는 말은 곧 집을 구입했다는 사실을 상징하고, 집을 수리할 때면 문패도 새 것으로 바꾸어 다는 일을 관행으로 여겼었다. 이러던 우리네 일상은 아파트가 보편적인 도시형 주택으로 자리하면서 과연 그 때가 언제였냐는 듯 없어지고 말았다. 대학생들이 배지를 자랑스럽게 달고 다니던 시절이 먼 기억 속에 파묻힌 것처럼 말이다. 모르긴 해도 아파트가 건설업체의 선전장으로 전락하고 한 가족의 생활공간인 집과 동네가 숫자와 알 수 없는 외래어로 상징되는 가운데 우리 스스로 숫자 속의 익명(匿名)을 즐기려는 심리가 팽배해져서일 것이다. 애정 없이 붙여지는 숫자보다는 사랑스런 가족의 이름과 그들의 쉼터를 나타낼 수 있는 문패를 다는 일은 획일적인 아파트 생활문화에 대항하는 일이며, 익명의 도시에서 자아를 찾는 일일 것이다. 익명성의 보장과 방관자로서 모호함을 즐기려는 태도는 곧 단편화되고 파편화된 개인을 낳고, 무관심을 깊게 하여 궁극적으로는 공동체성을 저해하는 물리적 집단으로 개인을 퇴락시킨다. 공동체는 화학적 결합과 관계를 전제한다. 단순한 물리적 결합으로 모여 산다면 삶의 진정한 가치는 와해되고 정주성(定住性)은 고양되지 않을 것이다. 기억을 간직한 동네, 오래된 친구, 손때 묻은 아름드리 나무, 만남이 즐거운 이웃은 익명의 해체가 전제되지 않고는 결코 얻을 수 없는 가치이다.

이제는 복도공간을 꾸며보자. 아파트의 복도는 여러 이웃이 함께 사용하는 길이고 정담을 나누는 장소이니, 공중에 떠 있는 골목길인 셈이다. 내 집안에서 보기 싫은 물건을 이곳에 내놓는다면 이웃이 보기에도 언짢은 것이 분명하리라. 한가한 휴일 오후를 이용해 온 식구가 나서 운동 삼아 물청소를 하고 온갖 허드레 물건을 치워 여유공간을 만든 다음 개성적인 꽃길을 가꾸자. 하얀색의 자그마한 의자를 내다놓고 이웃에게 한 잔의 차를 권할 수 있는 녹색길, 푸른 띠를 아파트 안에 만드는 것이다. 함께 사는 주민들이 모두 나와 각자에게 나눠진 공간에 취향과 기호에 따라 형형색색의 계절꽃을 심고 가꾼다면 옹색하기 그지없던 통로로서의 복도가 자연이 풍요로운 길로 바뀔 것이며, 이웃과 함께 나눈 노동은 공동체 속의 나눔이라는 결실로 귀중하게 거둘 수 있다.

꼼꼼한 아파트 사용자, 아파트 매뉴얼과 공간이용 규약

얼마 전 수도권 지역의 일부 아파트 청약률이 100:1을 넘었다는 기사를 읽고 참으로 이상하다는 생각을 한 적이 있다. 그렇게 높은 청약률을 기록했다면 분명 다른 아파트와 큰 차이가 있는 좋은 주거환경 조건을 가졌을 터인데도 불구하고 눈을 씻고 찾아보아도 별반 차이가 없었기 때문이다. 아파트 분양가가 다른 지역에 비해 싼 것도 아니고, 옥외환경을 풍요롭게 가꾼 것도 아니었기 때문이다.

그렇다면 많은 청약자들은 어떤 이유로 그곳에 몰려들었을까. 대체 어떤 정보를 가지고 한두 푼도 아닌 아파트를 사려고 새벽부터 장사진을 이뤘다는 것일까. 참으로 이상한 일이 아닐 수 없다. 모르긴 몰라도 '불황에 강하며, 가격회복이 빨라 거주자를 안심시키고 투자자의 눈길을 끄는 집'이라는 업체의 선전문구와 '분양권 전매허용에 따른 차액보장'을 내세운 일부 부동산 중개업자의 사탕발림에 현혹되어 뭉칫돈을 들고 분양사무실을 찾았을 터이다.

집을 구하려는 사람들이 정확한 정보를 가지고 스스로 살아갈 집을 선택할 수단이 아직은 부족한 까닭에 이런 행태를 무턱대고 나무라거나 질책할 일은 못된다. 이렇게 하면 어떨까. 깨알 같은 글씨로 알 수 없게 쓰인 복잡한 청약안내나 분양절차 대신에 '이 아파트는 1인당 녹지면적과 보행공간은 각각 몇 ㎡이고, 단지 내에서는 어떤 나무들이 심어질 것이며, 그렇게 심겨진 나무는 한 가구당 평균 몇 주(柱) 정도 꼴로 돌아가는 셈이다'라는 등으로 누구나 알 수 있는 정보, 이를 근거로 다른 아파트와 비교하여 판단할 수 있는 알짜배기 정보를 담는 것이다. 의구심이 생기기는 하지만 건설업체나 부동산 중개업자의 말을 믿을 수밖에 없는 상황 대신에 스스로 판단하여 청약을 하고, 수요자 스스로의 책임 하에 선택한 주택을 분양받는 주체로 나서자는 것이다. 이를 위해서는 아파트 단지의 여러 가지 주거환경 수준을 모두가 쉽게 알 수 있도록 분양광고에 넣도록 함께 요구하고 나서야 할 것이다.

또 한 가지 이상한 일은 비싼 값에 사고파는 물건 가운데 흔히 매뉴얼이라고 불리는 사용설명서가 없는 유일한 것이 아파트가 아닌가 싶은 것이다. 그리고 이에 대해 의문을 가져본 사람 또한 적지 않을 것이다. 지하철에서 파는 천 원짜리 손전등에서부터 며칠 동안의 가족회의나 동료와의 진지한 토론을 거쳐 어렵사리 구입하게 되는 자동차에 이르기까지 있는 사용설명서가, 가장 비싼 값을 치르고 또 모르긴 해도 일생을 통해 가장 오래 사용하게 될 아파트에는 없으니 참으로 이상스런 일이 아닐 수 없다. 단독주택의 경우에도 집장사에 의해 마구 지어진 집이 아니라면 사용설명서는 아니더라도 대부분은 설계도면이 있어 요긴하게 쓰일 때가 한 두 번이 아니다. 하지만 어처구니없게도 아파트에는 그 어느 것도 없다. 만약 전문적인 지식이나 기술 없이 해서는 안 될 일만 가려놓고 사용자 스스로가 할 수 있는 일을 조목조목 나누어 설명해놓은 사용 설명서만 있다면 집 안에서 일어나는 어지간한 불편은 전등을 갈아 끼우는 것처럼 아주 간단하게 해결될 수 있을 것이다.

아파트 사용설명서가 주택을 건설한 업체가 당연히 준비해야 할 것이라고 한다면 아파트단지의 공간이나 시설 이용에 관한 공통의 규약을 마련하는 일은 주민들 스스로의 몫이라 할 수 있다. 턱없이 모자라는 단지 내 주차장을 사용하는 방법과 규범, 어린이 놀이터와 청소년 운동시설 등에 대한 사용규약 혹은 단지 내 휴게시설 이용에 대한 주민들 스스로의 약속, 복도에는 시켜먹은 음식물 찌꺼기와 그릇을 내놓지 말자는 약속, 단지 내를 걸으면 늘 눈높이로 바라보게 되는 발코니 공간에 대한 이용 권고 등을 마련해 놓는다면 더없이 편안하고 정겨운 아파트 생활문화를 누릴 수 있을 것이다. 같이 사는 이웃끼리 얼굴을 붉히지 않아서 좋고, 아이들이 오가는 학교 통학로를 안전하게 가꿀 수 있으며 몸이 불편한 이웃을 먼저 배려함으로써 얻어지는 심적인 충만감이 생겨서 더더욱 좋다. 보행공간에 모시듯 올려놓은 자동차를 보지 않아서 좋을 뿐만 아니라 양보하는 이웃을 만들 수 있어서 좋다. 탈산업사회에서 목소리만 높여 외쳐대는 공동체 문화의 실현은 이런 자그마한 공간의 나눔에서부터 시작되는 것이다.

주

1) 이경자, 『그 매듭은 누가 풀까』, 서울, 실천문학사, 2003, p.51.

2) 한수영, 『공허의 1/4』, 서울, 민음사, 2004, p.101.

3) George R. Collins & C. Crasemann Collins, *The Birth of Modern City Planning*, New York, Rizzoli, 1986.

4) Siegfried Giedion, *Space, Time and Architecture*, 5th ed., Cambridge, Mass., Harvard University Press, 1967, p.778.

5) 김은신, 『한권으로 보는 한국 최초 101장면』, 서울, 가람기획, 1999, p.198.

6) 대한주택공사, 『대한주택공사 20년사』, 서울, 대한주택공사, 1979, pp.237~238.

7) 대한주택공사, 『주택』, 제9권 제1호, 1968, p.112에 실린 여류 시인 추은희의 글.

8) 앞 책, p.115에 실린 영화감독 문여송의 글.

9) 앞 책, p.115에 게재된 여류화가 박근자의 글. 이 글에서 박근자는 "나는 이미 결혼 전부터 서구의 아파트를 동경해왔으며, 혁명 후 매머드 아파트단지가 마포에 세워졌을 때 아무 주저 없이 입주하였다"고 언급하면서 공동생활의 불편은 '생활혁명'을 통해 극복되어야 한다고 언급하고 있다.

10) Steven Hurtt, "Conjectures on Urban Form", *Cornell Journal of Architecture*, Cornell University Press, Fall 1983, pp.54~55.

11) Roger Trancik, *Finding Lost Space:theories of urban design*, New York, VNR, 1986, pp.15~17.

12) C. Norberg-Schulz, *Roots of Modern Architecture*, Tokyo, A.D.A. Edita, 1988, p.129.

13) 채완, 「아파트 이름의 사회적 의미」, 『한국사회언어학회+담화인지언어학회 2004년 공동학술발표회 논문집』, 2004, pp.69~71.

14) 이호철, 『서울은 만원이다』, 이소북, 2003, pp.326-327.

15) 윤주현 편, 『한국의 주택』, 통계청, 2002, p.18, '표 2-4' 참조.

16) 박미경, 「내 집에 문패를 달고」, 『주택』, 1970.12, pp.149~150.

17) 임동근, 『서울에서 유목하기』, 서울, 문화과학사, 1999, p.54.

18) 1968년 1월 21일의 김신조 등에 의한 청와대 기습침투사건. 같은 해 1월 23일의 마군정보함 프에블로호 나포사건, 11월에 있었던 무장게릴라의 동해안 침투사건, 1969년 4월의 미군정찰기 격추사건 등이 그 예이다.

19) 서하진, 「모델하우스」, 『라벤더 향기』, 서울, 문학동네, 2000, pp.48~49.

20) 조정래, 「비탈진 음지」, 『조정래 문학전집 4』, 서울, 해냄출판사, 1999, pp.112~113.

21) 서성란, 「겨울손」, 『방에 관한 기억』, 서울, 문이당, 2004, pp.71~72.

22) 이순원, 『스물 셋 그리고 마흔 여섯』, 서울, 이가서, 2004, pp.221~222.

23) 최인호, 「타인의 방」, 『오늘의 작가총서 11』, 서울, 민음사, 2003, pp.69~71.

24) 김숙, 「오래된 붉은 벽돌집」, 『그 여자의 가위』, 서울, 여성신문사, 2003, pp.184~186.

25) 1980년대 초기의 정부 주택정책과 각종 경제시책의 상관성 등에 대해서는 임서환, 『주택정책 반세기』, 대한주택공사, 2002, pp.96~109. 참조.

26) 이창동, 「녹천에는 똥이 많다」, 『녹천에는 똥이 많다』, 서울, 문학과 지성사, 2002, pp.114~116.

27) 김인숙, 『그래서 너를 안는다』, 서울, 청년사, 2003, pp.313~314.

28) 공동주택연구회, 『한국공동주택계획의 역사』, 서울, 도서출판 세진사, 1999, p.57.

29) 김윤영, 「철가방 추적작전」, 『루이뷔똥』, 서울, 창작과 비평사, 2002, pp.121~122.

30) 공지영, 「부활무렵」, 『제8회 21세기 문학상 수상작품집』, 서울, 도서출판 이수, 2001, pp.254~256.

31) 복거일, 『마법성의 수호자, 나의 끼끗한 들깨』, 서울, 문학과 지성사, 2001, pp.66~67.

32) 공선옥, 「한데서 울다」, 『멋진 한세상』, 서울, 창작과 비평사, 2002, pp.238~240.

33) 김현영, 「꽃 핀 아몬드 나뭇가지」, 『까마귀가 쓴 글』, 서울, 문학동네, 2003, p.17.

34) 김채원, 「푸른 미로」, 『지붕 밑의 바이올린』, 서울, 현대문학, 2004, p.293.

프랑스엔 〈크세주〉, 일본엔 〈이와나미 문고〉, 한국에는 〈살림지식총서〉가 있습니다.

📖 전자책　🔍 큰글자　🔊 오디오북

아파트의 문화사

| 펴낸날 | 초판 1쇄 2006년 4월 25일 |
| | 초판 5쇄 2021년 9월 24일 |

지은이	박철수
펴낸이	심만수
펴낸곳	(주)살림출판사
출판등록	1989년 11월 1일 제9-210호

주소	경기도 파주시 광인사길 30
전화	031-955-1350 팩스 031-624-1356
홈페이지	http://www.sallimbooks.com
이메일	book@sallimbooks.com

| ISBN | 978-89-522-0495-0 04080 |
| | 978-89-522-0096-9 04080(세트) |

089 커피 이야기 `eBook`

김성윤(조선일보 기자)

커피는 일상을 영위하는 데 꼭 필요한 현대인의 생필품이 되어 버렸다. 중독성 있는 향, 마실수록 감미로운 쓴맛, 각성효과, 마음의 평화까지 제공하는 커피. 이 책에서 저자는 커피의 발견에 얽힌 이야기를 통해 그 기원을 설명한다. 커피의 문화사뿐만 아니라 커피에 대한 일반적인 정보 및 오해에 대해서도 쉽고 재미있게 소개한다.

021 색채의 상징, 색채의 심리

박영수(테마역사문화연구원 원장)

색채의 상징을 과학적으로 설명한 책. 색채의 이면에 숨어 있는 과학적 원리를 깨우쳐 주고 색채가 인간의 심리에 어떤 작용을 하는지를 여러 가지 분야의 사례를 통해 설명한다. 저자는 색에는 나름대로의 독특한 상징이 숨어 있으며, 성격에 따라 선호하는 색채도 다르다고 말한다.

001 미국의 좌파와 우파 `eBook`

이주영(건국대 사학과 명예교수)

진보와 보수 세력의 변천사를 통해 미국의 정치와 사회 그리고 문화가 어떻게 형성되고 변해왔는지를 추적한 책. 건국 초기의 자유방임주의가 경제위기의 상황에서 진보-좌파 세력의 득세로 이어진 과정, 민주당과 공화당의 대립과 갈등, '제2의 미국혁명'으로 일컬어지는 극우파의 성장 배경 등이 자연스럽게 서술된다.

002 미국의 정체성 10가지 코드로 미국을 말하다 `eBook`

김형인(한국외대 연구교수)

개인주의, 자유의 예찬, 평등주의, 법치주의, 다문화주의, 청교도정신, 개척 정신, 실용주의, 과학·기술에 대한 신뢰, 미래지향성과 직설적 표현 등 10가지 코드를 통해 미국인의 정체성과 신념을 추적한 책. 미국인의 가치관과 정신이 어떠한 과정을 통해서 형성되고 변천되어 왔는지를 보여 준다.

058 중국의 문화코드

강진석(한국외대 연구교수)

중국의 핵심적인 문화코드를 통해 중국인의 과거와 현재, 문명의 형성 배경과 다양한 문화 양상을 조명한 책. 이 책은 중국인의 대표적인 기질이 어떠한 역사적 맥락에서 형성되었는지 주목한다. 또한, 구체적이고 실제적인 여러 사물과 사례를 중심으로 중국인의 사유방식에 대해 설명해 주고 있다.

057 중국의 정체성 `eBook`

강준영(한국외대 중국어과 교수)

중국, 중국인을 우리는 과연 어떻게 이해해야 하나? 우리 겨레의 역사와 직·간접적으로 끊임없이 영향을 주고받은 중국, 그러면서도 아직까지 그들의 속내를 자신 있게 말할 수 없는, 한편으로는 신비스럽고, 한편으로는 종잡을 수 없는 중국인에 대한 정체성을 명쾌하게 정리한 책.

015 오리엔탈리즘의 역사 `eBook`

정진농(부산대 영문과 교수)

동양인에 대한 서양인의 오만한 사고와 의식에 준엄한 항의를 했던 에드워드 사이드의 오리엔탈리즘. 이 책은 에드워드 사이드의 이론 해설에 머무르지 않고 진정한 오리엔탈리즘의 출발점과 그 과정, 그리고 현재와 미래의 조망까지 아우른다. 또한 오리엔탈리즘이 사이드가 발굴해 낸 새로운 개념이 결코 아님을 역설한다.

186 일본의 정체성 `eBook`

김필동(세명대 일어일문학과 교수)

일본인의 의식세계와 오늘의 일본을 만든 정신과 문화 등을 소개한 책. 일본인을 지배하는 이데올로기는 무엇이고 어떤 특징을 가지는지, 일본을 주목해야 하는 이유는 무엇인지 등이 서술된다. 일본인 행동양식의 특징과 토착적인 사상, 일본사회의 문화적 전통의 실체에 대한 분석을 통해 일본의 정체성을 체계적으로 살펴보고 있다.

261 노블레스 오블리주 세상을 비추는 기부의 역사

예종석(한양대 경영학과 교수)

프랑스어로 '높은 사회적 신분에 상응하는 도덕적 의무'를 뜻하는 노블레스 오블리주. 고대 그리스부터 현대까지 이어지고 있는 노블레스 오블리주의 역사 및 미국과 우리나라의 기부 문화를 살펴보고, 새로운 시대정신으로 노블레스 오블리주를 부활시킬 수 있는 가능성을 모색해 본다.

396 치명적인 금융위기, 왜 유독 대한민국인가 eBook

오형규(한국경제신문 논설위원)

이 책은 전 세계적인 금융 리스크의 증가 현상을 살펴보는 동시에 유달리 위기에 취약한 대한민국 경제의 문제를 진단한다. 금융안정망 구축 방안과 같은 실용적인 경제정책에서부터 개개인이 기억해야 할 대비법까지 제시해 주는 이 책을 통해 현대사회의 뉴노멀이 되어 버린 금융위기에서 살아남는 방법을 확인해 보자.

400 불안사회 대한민국, 복지가 해답인가 eBook

신광영(중앙대 사회학과 교수)

대한민국 사회의 미래를 위해서 복지는 선택이 아니라 필수라고 말하는 책. 이를 위해 경제 위기, 사회해체, 저출산 고령화, 공동체 붕괴 등 불안사회 대한민국이 안고 있는 수많은 리스크를 진단한다. 저자는 사회적 위험에 대응하기 위한 복지 제도야말로 국민 모두의 삶의 질을 높일 수 있는 길이라는 것을 역설한다.

380 기후변화 이야기 eBook

이유진(녹색연합 기후에너지 정책위원)

이 책은 기후변화라는 위기의 시대를 살면서 우리가 알아야 할 기본지식을 소개한다. 저자는 기후변화와 관련된 핵심 쟁점들을 모두 정리하는 동시에 우리가 행동해야 할 실천적인 대안을 제시한다. 이를 통해 독자들은 기후변화 시대를 사는 우리가 무엇을 해야 할 것인지에 대하여 생각해 볼 수 있을 것이다.

eBook 표시가 되어있는 도서는 전자책으로 구매가 가능합니다.

(주)살림출판사

www.sallimbooks.com
주소 경기도 파주시 문발동 522-1 | 전화 031-955-1350 | 팩스 031-955-1355